怪しいものたちの中世

本郷恵子

角川選書
566

怪しいものたちの中世　目次

図版作成　村松明夫

はじめに

日本の中世は、圧倒的に管理されていない社会である。強い者にとっては自由度の高さが嬉しいだろうが、弱い者は支援や保護を受けることができず、捨て置かれたまま顧みられない。自由と悲惨は表裏の関係にあり、強者もいつなんどき弱者に転落するかわからない。

朝廷（公家）と幕府（武家）という二つの政権が並立してはいるものの、二つあるから二倍頼りになるわけではなく、そもそもどちらも政権として完全なものを目指そうとする意志に欠けていたようにみえる。公家政権は「九州の地」、すなわち全国土を管掌することを標榜《ひょうぼう》していたが、あくまで理念的なものであって、実際には皇室を頂点とする貴族社会の維持が興味の中心だった。一方の武家政権は、幕府管下の武士＝御家人のための組織であり、彼らの利益を守るために、非御家人を犠牲にすることも厭《いと》わなかった。

セイフティ・ネットの設定されていない社会で、それに代わる役割を宗教が果たしていたといえるだろう。政権が顧みない〝公共〟分野、すなわち橋や道路の建設等の公共事業・貧者救済等の社会事業を引き受けたのが「勧進」である。勧進聖《ひじり》は、人々の信仰を吸い上げて仏へと結縁《けちえん》させ、同時に彼らの持つ余剰を結集して事業の財源とした。実務的な判断や経理の技能が、事業の遂行を支えた。

だが勧進聖は当時の宗教界の中心に位置づけられた存在ではない。政権の護持を使命とし、祈禱《きとう》や法会をこなす伝統的な僧侶の生活に飽き足りず、社会に活動の場を求めたのが彼らの起源である。いわば宗教界の周縁的存在であった。

中世社会の抱える不全は、周縁の世界と親和性が高い。知識や情報の不足は不安を生み、人々は説明や希望を求める。それらを得るための主たる手段は神を祀《まつ》り、仏に祈ることであった。ただし正統的な信仰の階梯《かいてい》を経ることは容易ではない。より手軽でわかりやすい解決が、周縁で活動する人々によって提供されたのである。科学や合理性を用いずに応えようとするのだから、現代の私たちから見れば、いかがわしくも怪しい要素が満載なのは仕方がない。本書は、彼ら怪しい人々をとりあげて、そのとりどりな怪しさを五章に分けて叙述したものである。

第一章は、人々の心の欠落を積極的に利用しようとする者たちの話である。徒党を組んで、まことしやかな物語を作り出し、善男善女を翻弄《ほんろう》する。情報に対する飢餓状況が、彼らの物語をますます本当らしく見せる。詐欺といってしまうのは簡単だが、新聞もテレビも、もちろんインターネットもない世界では、たまさかに得られる情報を進んで受けとめる姿勢が大事である。それは一時的な娯楽・ちょっとした心の救いになるかもしれないし、大きな利益につながるかもしれない。多少の虚構が混じっていたところで、何もないよりはましだろう。溢《あふ》れる情報に囲まれ、それらを取捨選択しなければならない現代人とは、全く逆の情報リテラシーが求められるのである。だまされることは、私たちが映画を見て、泣いたり笑ったりすることと同じなのだ。

第二章は夢を取り上げた。情報の不足は、将来への不安を生む。これを補償してくれるのが夢である。武士の中央政界への進出によって、中世の人々は多くの武力衝突、全国的内乱を経験せねばならなかった。明日をも知れぬ状況は、より多くの夢を必要とする。親密なコミュニティのなかで、人々はたがいに夢を語り、希望や期待を共有した。夢の内容や解釈は、時にコミュニティ外に発信され、社会的な情報を操作する道具となった。

夢としか思えないようなことを実現に持ち込むのが、勧進の力である。中世初期の大勧進俊乗坊重源《ちようげん》は、戦乱で焼かれた東大寺の大仏と大仏殿を再建した。勧進は中世に生まれた仏と人とを結ぶ方式で、寛容と平等主義に裏付けられ、社会事業の達成という現実的な成果を生み出した。重源と、彼に先行する勧進聖の原型というべき永観《ようかん》について論じたのが第三章である。信仰は心の問題だが、何らかの行動に置き換えないと、心の中だけで突き詰めるのは難しい。信仰と実践のバランス、救済の本質など答えの出ない問題は多い。聖を必要以上に理想化せず、ユーモアを交えて描く説話の手法も見どころといえるだろう。

第四章では、天皇の家系のなかでも、不安定なところに位置する親王や皇女について述べた。院の積極的かつ放埒《ほうらつ》な女性関係の結果として多くの子女が誕生した。そのうちのかなりの者は、父から認知されずに人生を送らざるを得なかったのである。〝ご落胤《らくいん》〟を売り物にして失敗したり、周囲に利用されたりして、必要以上の不幸を背負いこむ場合もあった。逆に、非皇族の父のもとで育ったのに、〝ご落胤〟かと囁《ささや》かれたり、母の不貞を噂《うわさ》されたりすることも生じた。家族の周縁に位置するのが、出生が怪しい皇子女たちだったのである。ただし、八条院のように父院から愛された内親王も、莫大な資産を管理し、ロイヤルファミリーの緩衝器となるために非婚を強いられていた。自らの子孫を持てない女院は、保護者のない皇子女を扶養して、独自のコミュニティを形成した。権勢を独占する院を作り出すために、多くの構成員に矛盾を強いたのが中世の皇室だったといえる。

最終章は六勝寺の筆頭である法勝寺《ほっしょうじ》に注目した。同寺を主導する歴代の執行《しぎょう》には、個性豊かで政治にも積極的に挑んだ怪僧が輩出している。知力・胆力・財力等、あまりにも優れているために、過激な行動に走り、非情な最期を遂げた者が多い。また、僧でありながら妻帯して家族を形成し、女系の縁を複雑に結んで、意外なところまで血縁を拡げている点も重要であろう。法勝寺の政治的位置づけについては、もっと掘り下げるべきなのだが、とりあえず執行たちの人物像を描いてみた。

中世社会は、さまざまな〝怪しいものたち〟に活躍の場を与えていた。各章が独立した短編のようになっているので、どこからお読みくださってもかまわない。〝怪しい〟ながらも全力で生きた人々の物語を、楽しんでいただければ幸いである。

第一章　中世の博打

「巫女（右）と博打」『東北院職人歌合絵巻』（東京国立博物館所蔵、Image: TNM Image Archives）

身ぐるみはがれた姿

〝中世の博打《ばくち》〟と言ったときに、まず思いうかぶのは『東北院職人歌合《うたあわせ》』のなかの姿だろう。双六《すごろく》盤の前で賽《さい》を振ろうとしているのだが、折烏帽子《おりえぼし》をかぶっている以外は何も身につけていない。勝負に負け続けたあげくに、身ぐるみ剝《は》がれてしまった状態と考えられている。冠・烏帽子のようなかぶりものは、中世の成年男子にとって社会的な身分標識の基幹となっていたので、下半身がむきだしになろうとも死守しなければならなかった。現代人の目から見ると、なんとも情けない格好なのだが、当人は気にする風もなく、まだ勝負しようとしている。いちいちひるんでいては、博打稼業はつとまらないのだろう。

「職人歌合」は、職人が集まって左右に分かれて歌を詠み、優劣を判定するという設定のもとで、さまざまな生業にたずさわる人々の風俗を描く作品である。二種の職人が対になって示されるが、共通する要素を持つ職種どうしが組み合わされている。〝博打〟とセットになるのは〝巫女《みこ》〟である。網野善彦氏は、両者はいずれも〝神意を問う〟職業だと解釈されている。賭《か》け事や籤《くじ》引きの結果は、巫女の語る託宣と同じく、人為を超えた神意の啓示と考えられていたからである。

〝博打〟がまったく無防備な姿なのに対し、巫女は大仰なこしらえである。かなり年配で、美しいとは言いがたい顔立ちだが、眉を作り、頬紅《ほおべに》をさすなど、しっかりと化粧を施している様子が描かれている。本来の容貌と化粧とのギャップが大きいために、かなり不自然な印象を受ける。彼女の化粧は、容貌を引き立てるためのものではなく、扮装《ふんそう》の一部にほかならず、巫女であることをあらわす記号として機能しているのだ。若くて美しい女性であれば、とくに化粧を強調する描き方はしない。

牛飼童（左）（『平治物語絵巻』国立国会図書館所蔵）

このような容貌と化粧との関係は、〝童《わらわ》〟と呼ばれる人々にも共通するものである。寺院で生活する少年たち―稚児《ちご》―は、薄化粧を施し、女性のような華やかな装束を身につけている。彼らは、冠・烏帽子などをつけず、髪を髷《まげ》に結わない童子の姿で、寺院における擬似的な女性の役割をになっている。成長すれば、実家に戻って元服するか、出家して寺に残るかを選択し、童姿を脱するのが通常の手続きである。その一方で、童子の姿のまま仕事を続ける者たちがいる。

牛を操り、牛車《ぎっしゃ》を御する牛飼童《うしかいわらわ》はその一例である。あきらかに中高年の容貌で、髪を垂らしている格好には、違和感をおぼえざるをえないが、中世の絵画表現は、往々にしてこの違和感を強調する。実年齢と童姿との溝の大きさは、いうまでもなく滑稽だが、ときに異形の迫力をも示す。身分標識と生身の身体的条件とが結びつきにくくなったとき、よそおいは扮装として強調されるのである。

巫女は扮装で固めているが、博打は文字どおり丸腰である。逆にいえば、その職業には目立った標識が存在しない、もしかしたら、あえて標識を隠していることになるだろう。自らの役割を際立たせることなく、いつのまにか相手の懐に入ってしまうのが彼らの狙いだったのかもしれない。

院政を開始し、権勢をほしいままにした白河院（一〇五三―一一二九）は、意のままにならぬものとして、強訴《ごうそ》をくりかえす山法師（比叡山延暦寺《ひえいざんえんりやくじ》の僧兵）・氾濫する賀茂川の水とともに、双六の賽をあげた。貴族・武士から庶民まで、合物《あわせもの》（同種のものを持ちよって優劣を競う遊戯。絵合《えあわせ》、薫物合《たきものあわせ》など）や闘鶏などのさまざまな博戯を楽しみ、賭物《かけもの》をやりとりすることは広く行われていた。ただしゲームや余興の域を超えて、犯罪を生む場合も多く、政権はしばしば博打を禁ずる法令を発している。博打に熱中して宅財まで賭ける、喧《けん》嘩《か》や闘殺に及ぶ、盗賊放火に走るなどの事件に発展するため、「諸悪の源」「悪党の根本」とみなされたのである。

勝負事は人間の本質的欲求に基づく行為であろうが、善男善女を誘い、煽《あお》る職業的博打うちとはどのような人々だったのだろうか。今日でもギャンブルをめぐる事情にはあきらかでないところが多いが、中世の博打たちの行動は、私たちが考える「賭博《とばく》」の定義を超えて、さらに広い範囲に及んでいたようにみえる。

天竺冠者事件

伊予《いよ》国（現在の愛媛県）の天竺冠者《てんじくかじゃ》と名乗る狂者が捕らえられ、明日都に連行され、後鳥羽院がご覧になるということだ。同国において「神通自在」と称して、数々の悪事をはたらいてきた者だという。

夕方、後鳥羽院が神泉苑《しんせんえん》にお出ましになった。天竺冠者はすでに洛中《らくちゅう》に入っているという。伊予国司に、早く引き出すようにと仰せられた。院はなにごとか書きつけ、手箱に収めて封をしたものを用意された。日没後、天竺冠者が連れてこられたので、（手箱の中身をあててみるようになど）いろいろに問いただしたが、神通力らしきものはあらわれなかった。そこで、さんざんに懲《こ》らしめた。検非違使《けびいし》が、いったん自宅に連れ帰ったところ、見物人が集まってたいへんな騒ぎとなった。その後、獄舎に拘禁されたということだ。

以上は、歌人として有名な藤原定家《ていか》が、その日記『明月記《めいげつき》』に書きとめた内容である（承元《じょうげん》元年〈一二〇七〉四月二十八・二十九日条）。わざわざ伊予から上洛させた犯罪者は、都の話題をさらったらしい。後鳥羽院は、源氏と平氏が戦った治承《じしょう》・寿永《じゅえい》の内乱のなか、平氏とともに都落ちした安徳天皇に代わって即位した天皇だが、譲位して上皇となった後、朝廷で専権をふるっていた。関東に樹立された鎌倉幕府に対しても、主導権を握り、優位を誇示する姿勢を崩さなかった。ついには幕府の転覆をはかって武力衝突にいたり、あえなく敗退したのである。これが承久《じょうきゅう》三年（一二二一）の承久の乱で、後鳥羽院は隠岐島《おきのしま》に流罪とされた。朝廷の権威は失墜し、公武両政権の力関係は完全に逆転した。

後鳥羽院は、朝廷儀礼や和歌等の文化的分野の振興をはかっただけでなく、水泳・相撲等の武芸の鍛錬にも非常に熱心で、いわば万能の王者をめざしていた。世間を騒がせた犯罪者にも、ひとかたならぬ興味を示し、直接対面してどのような者か確かめたり、いたぶったりしたのである。政権の頂点に立つ者として、あまり行儀の良い行為とはいえないが、社会的通念から逸脱した力を持つ人物を見てみたいという欲求を抑えられなかったらしい。

『古今著聞集』の天竺冠者

さて、天竺冠者の話は、鎌倉時代中期に成立した『古今著聞集《ここんちよもんじゆう》』という説話集にも登場する。『明月記』よりだいぶ詳細にわたっているので、そちらをみてみよう。巻十二「博《ばく》奕《ち》」の項に収録されたものである。

後鳥羽院の治世のころ、伊予国のある島に天竺の冠者という者がいた。島内の山の頂に家を作って住み、その傍らに祠《ほこら》を構えていた。そのうちに母が亡くなると、遺体の内臓を除いたうえで乾燥させ、表面に漆を塗って、祠の中に安置した。山のふもとに、八間の建物を作って拝殿と称し、八《や》乙女《おとめ》や神楽男《かぐらおとこ》などをおいて神社の体裁を整えたのである。

この天竺冠者は、空を飛び、水の上を走ることができるという評判で、伊予国内のみならず、隣国からも参拝客が集まってきた。彼は赤取染（赤色で細い横縞《よこじま》を絞り染めにしたもの）の水干に、鹿皮の行縢《むかばき》をはき、弓矢を携えた姿で小さい馬に乗り、毎日山の上の住まいから、ふもとの拝殿へと下ってきた。拝殿にいる者たちが、太鼓をたたき、歌を歌ってにぎやかにはやしたてるなか、馬はしずしずと山を降りてくる。そのまま拝殿の板敷に上って、いろいろに回ったり踊ったりしてみせる様子は驚くばかりである。

参詣の人々のなかには目がみえない者、腰が立たない者などがいる。彼らは天竺冠者に財物を与えて、さまざまな不調を訴える。天竺冠者はおもむろに馬から降りて、神のお告げを語り、痛む腰を足で踏んだり、見えない目を撫《な》でたりする。すると、いずれもたちまちに治ってしまう。このような次第なので、ますます多くの人が集まることとなった。誰もがありがたがって、着ている衣装を脱ぎ、さしている太刀を抜いて捧《ささ》げるので、天竺冠者のもとにはおびただしい財物が積み上げられるのであった。

そのうちに冠者は「われは親王である」と称するようになった。鳥居を建てて、「親王宮」と書いた額を掲げたのである。

この噂《うわさ》が後鳥羽院の耳にはいり、捕縛の命令が下った。院は神泉苑にお出ましになり、天竺冠者を召し出した。「お前は神通力があって、空を飛び、池に浸けてみたが、何かができるそうだな。それならこの池の上を走ってみろ」と、池に浸けてみたが、水の上を走ることができそうな様子はない。「馬に乗るのがうまくて、山の上から走り下るそうだな」と、暴れ馬に乗せてみたら、ひとたまりもなく落馬してしまった。大力の評判が高いというので、賀茂社神主の能久と相撲をとらせたところ、七八尺も投げとばされ、池に落ちて溺《おぼ》れてしまった。やっと浮き上がったところを蟇目矢《ひきめや》で射たうえ、二位法印という者に拳で殴らせ、とにかくさんざんにいたぶったあげく、投獄することに定めたのである。
この天竺冠者は、もともと伊予国の出身で、名高いベテランの博打うちであった。博打を打ち呆《ほう》けてなにもかも失い、仲間の博打たち八十余人を動員して、各地に送りこみ、天竺冠者の霊験あらたかなことを触れまわらせたのだが、都にまで噂がとどき、このように痛めつけられる結果になったのだった。

瀬戸内海の島を舞台に、霊験あらたかな教祖をよそおって善男善女を騙《だま》していた男が、都に連行され、化けの皮をはがされるという話である。霊感商法のようなものだが、彼はあきらかに派手にやりすぎた。『古今著聞集』の細部にわたる語りは、同時代の日記である『明月記』と大筋で矛盾するところがなく、おおむね事実を反映していると考えられる。

博打の聟入り

さて、天竺冠者の話は『古今著聞集』では「博奕」の項に分類されている。この事件は怪しいには違いないが、いわゆる〝賭博〟の要素が含まれているようには見えない。だが天竺冠者は「高名のふるばくち」であり、八十人あまりの博打の仲間を動員して、全国的な宣伝活動を展開していた。博打集団の共謀による詐欺事件といえる。同時に天竺冠者は博打とはいっても、「うちほうけてすべてまけ」、すなわち「職人歌合」に登場する烏帽子だけつけた博打のような状態で、すでに本業の賭博行為を続けることはできなかったのだろう。

起死回生をはかって霊験詐欺に乗り出したと思われるが、それでも博打仲間を大量に動員して、本業ならざるプロジェクトを支援させたのである。博打たちの、集団としてのまとまりの強さ、また今回のような大がかりな詐欺との親和性を読み取ることができるのではないだろうか。

そこで、博打たちの同様の活躍（？）をみてみよう。『宇治拾遺物語』の「博打子聟入《ばくちのこむこいりの》事《こと》」という話である。

博打の息子で、目鼻を一箇所に集めてしまったような、まことに残念な容貌の者があった。両親は、こんな顔の息子にどうやって世渡りさせたものかと心配していたところ、長者の家に仕えている知り合いの女から耳寄りな話を聞いた。長者の妻が「ぜひ美男の婿をとりたい」と言っているというのだ。両親は「天下一の美男が婿になりましょうと言っておられます」と売り込んで、長者の娘と結婚の約束をとりつけた。婿入りの当夜には、借り着の装束に身をつつみ、顔が見えないように按配《あんばい》して、うまく娘と契りを結んだ。博打たちが集まって盛り立てたので、いかにも立派な人のようで、長者はたいそう満足だったのである。

　しばらくは夜のあいだだけ通っていたが、そのうちに昼まで娘のもとにいるようになり、顔を隠し続けるわけにはいかなくなってきた。そこで博打仲間の一人が、長者の家の天井裏に上り、新婚の夫婦が寝ている真上でみしみしと天井板を踏み鳴らし、怖《おそ》ろしげな声を出して「天下の顔よし」と呼んだ。長者の家の者たちは、なにごとかと皆耳をそばだてた。

　婿は「自分のことを呼んでいるらしいが、どうしたことか」とおびえる。三度まで呼ばれたので、仕方なく返事をすると、天井裏の鬼は「この家の娘は、わしのものにして三年になるのに、どうしてお前が通っているのだ」と言う。

「そんなこととは知りませんでした。なにとぞお助けを」

「とんでもない奴《やつ》だ。なにかひとつは仇《あだ》をなしてやらんと気が済まぬ。お前は命と容貌とどちらが大事だ」

「なんと答えましょう」と、婿がきくと、舅《しゅうと》の長者が「顔かたちなぞなんだ、命をとられては元も子もない。『顔かたちをおとりください』と答えなさい」と指示する。

「顔のほうでお願いします」

「では吸うぞ、吸うぞ」

「あれあれ」と、婿は顔を覆い、ころげまわって苦しんだ。

鬼は気が済んだらしく帰っていった。「顔はどうなっただろう」と、皆が灯《あか》りをかざしてみると、目鼻が一箇所に固まったようになっている。婿は泣き出して「命をとってくださいと言えばよかった、こんな顔では生きていられない。こんなことになる前に、皆様に顔をお見せしておくのでした。それにしても、あんな怖ろしいものがとり憑《つ》いている家に婿に入ったのが間違いでした」などと、盛大に嘆く。舅は気の毒に思い「こんなことになった償いに、私の持っている財産はすべて差し上げましょう」と言って、それ以来婿を非常に大切にした。「ここは場所が悪いから」と、別に立派な家も建ててくれて、婿はたいへん幸せになったのである。

美男子を騙《かた》った、一種の結婚詐欺である。容貌に難のある息子のために、博打の親が仲間とともに仕掛けた婚活プロジェクトともいえる。王朝物語には、契りを結んでいるのに、なかなか顔を見せてくれない女性が、よく登場するが、この話では男性のほうが顔を隠している。はっきり顔を見せずに、「素敵な方にちがいない」と相手や周囲の人々に感じさせなければならないから、主人公の博打の息子も、終始あっぱれな演技力を発揮したにちがいない。

「天下の顔良し」と、まことしやかに宣伝し、重要人物のように、よってたかって盛り立てて、最後は鬼まで登場させて、博打たちの連携はまことに鮮やかである。特定の集団内でシナリオを描き、役割を決めて演じるという点で、現代の劇団型犯罪に通じる方式であり、さきの天竺冠者の一件とも共通している。

甲子のお祈り

似たような趣向の事件が『民経記《みんけいき》』（勘解由小路《かでのこうじ》経光《つねみつ》の日記）弘長《こうちょう》四年（一二六四）二月十一日条にみえている。

人々談じて云《い》う、近くかつて子を奪い取る者あり。これ甲子《かつし》お祈りのため内裏《だいり》より召さるるの由これを称す。両三輩あいともないて所々に向かう。その頭は退紅《たいこう》を着するごとき男一人、また立烏帽子《たてえぼし》の者あいまじる。父母等周章、家産をなげうちて召し留む。これをもって利となす。かくのごとくして閭巷《りよこう》を往還すと云々。博奕の輩《ともがら》の構え出すの企てか。使庁に仰せてその身を搦《から》めまいらすべきの由、すでに仰せ下さると云々。

都でしきりに噂されているできごとを書きとめた一文である。弘長四年は干支《えと》でいうと甲子の年にあたり、天命があらたまって革命がおこるとされる辛酉《しんゆう》の年の三年後となる。

折烏帽子（左）と立烏帽子

辛酉革命で王朝が交替した後、徳を備えた指導者に天命が下される「革令《かくれい》」のめぐりあわせとなるのが甲子の年と考えられていた。辛酉・甲子ともに、政治に混乱が生じるのを防ぐ目的で改元を行うのが慣例であった。この年も二月二十八日に改元の沙汰があり、弘長四年を改めて、文永《ぶんえい》元年とされている。

　甲子の年はまた、変革を避けるために神社への奉幣《ほうへい》や祈禱《きとう》が行われた。甲子の祈禱のために天皇（当時は亀山天皇）が子供を内裏にお召しになっていると称して、三人組の男が家々を回り、子供を連れて行こうとしたのである。退紅と呼ばれる、下級の役人が着る衣装を着けたリーダー格の男と、立烏帽子をかぶった者等が一緒に行動していたらしい。立烏帽子は現在でも神官などがかぶっている円筒形のものだが、日常的なかぶりものとしては、立烏帽子を折りたたんで平たくした形の折烏帽子が多く用いられた。実務担当の下級役人と、その後ろでえらそうにしている上司という設定だったのだろうか。

　怪しげな役人トリオに子供を連れて行かれそうになって、両親はあわてふためき、ありったけの財物を差し出して「なんとか見逃してください」と頼む。トリオは「今回だけだぞ」などともったいぶって言いながら、銭や布等の財物を懐に収め、また次の家に向かうことをくりかえしていたのだろう。世間の人々は「博打たちの仕業か」と噂し、すでに都の警察機能を担う検非違使庁に、犯人を捕縛せよという命令が下されていたのだという。

これもまた劇団型の犯罪といえる。甲子の年という六十年に一度の機会を利用して、天皇の命を受けた役人が、子供を連れに来るというシナリオを書いたのである。いかにも役人らしい扮装をして、甲子の祈禱にかかわる口上を述べる複数のグループが、担当地域を分けて戸別訪問を行ったと思われる。洛中だけでなく、京都の郊外、あるいは他の地方でも同様のことを試みていたかもしれない。その場合は祈禱の主催者を、国司や守護、あるいは有力寺社などに読み替えた口上が用いられただろう。甲子の年に先立つ辛酉の年にも、似たような詐欺が実行されていた可能性がある。そして、このような型の犯罪は、いかにも博打がやりそうなものだと、人々に受けとめられていたのである。

以上に見たとおり、「博打」といわれる人々は、集団としての一定のまとまりをもって広域にわたる活動を行っていた。賭け事のプロであるのはもちろんだが、そのほかに独創的なシナリオにもとづく詐欺を計画・実行することも多く、むしろそちらの活動のほうが、社会一般には認知されていたのだろう。世間を騒がせ、人々の関心を集める劇団型犯罪を行う集団であり、計画の規模や性格に応じた協力体制の組み換えが、非常に柔軟に行われていたと考えることができる。

親王を騙る

博打集団による詐欺事件をみてきたわけだが、それらのなかでも天竺冠者の一件は、特に大がかりなものといえよう。伊予から京都にいたる広域性、最高権力者である院の登場、そして親王を騙っている点など、大物なのか、捨て身なのか、とにかく思い切った企画だったことはまちがいない。

ところが、これとよく似た設定の事件が実際におこっているのである。ときは治承・寿永の内乱のさなか、寿永三年（一一八四）、伯耆《ほうき》国美徳山《みとくさん》に後白河院の王子と称する者があらわれた。摂関家の一員で、当時右大臣の地位にあった九条兼実《くじょうかねざね》は自身の日記『玉葉《ぎょくよう》』に以下のように記している（寿永三年二月二日条）。

伯耆国美徳山に後白河院の子と称する者があらわれた。年歳は二十歳だが、まだ元服していないという。彼は藤原資隆《すけたか》の外孫（娘の子）で、幼児のころは九条院に養育され、その後資隆のもとに身を寄せていたが、十五歳のときに出奔した。その意図は不明である。まず大和国に向かい、しばらくのあいだ二川冠者という者と行動をともにした。当時は、藤原成親《なりちか》の子だと称していたという。さらに移動して伯耆大山《だいせん》に至り、次に美徳山に移住した。なおも成親の子を名乗っていたが、平氏が没落して後は、後白河院の子であることをあきらかにして活動している。伯耆国の有力武士村尾海六業盛を味方につけて、すでに同国の半分を占拠した。小鴨基保は従っていないようだが、美作国《みまさか》にも勢力を伸ばしている。

その王子が昨日京都に使者を派遣し、後白河院に面会を願った。院の承認を得て、源氏とともに平氏を討伐したいのだという。あまりにも奇妙な話なので、後々のために記録しておく。

藤原資隆とは、八条院（鳥羽天皇の皇女）に仕えて、判官代《ほうがんだい》・四位別当となり、歌人と

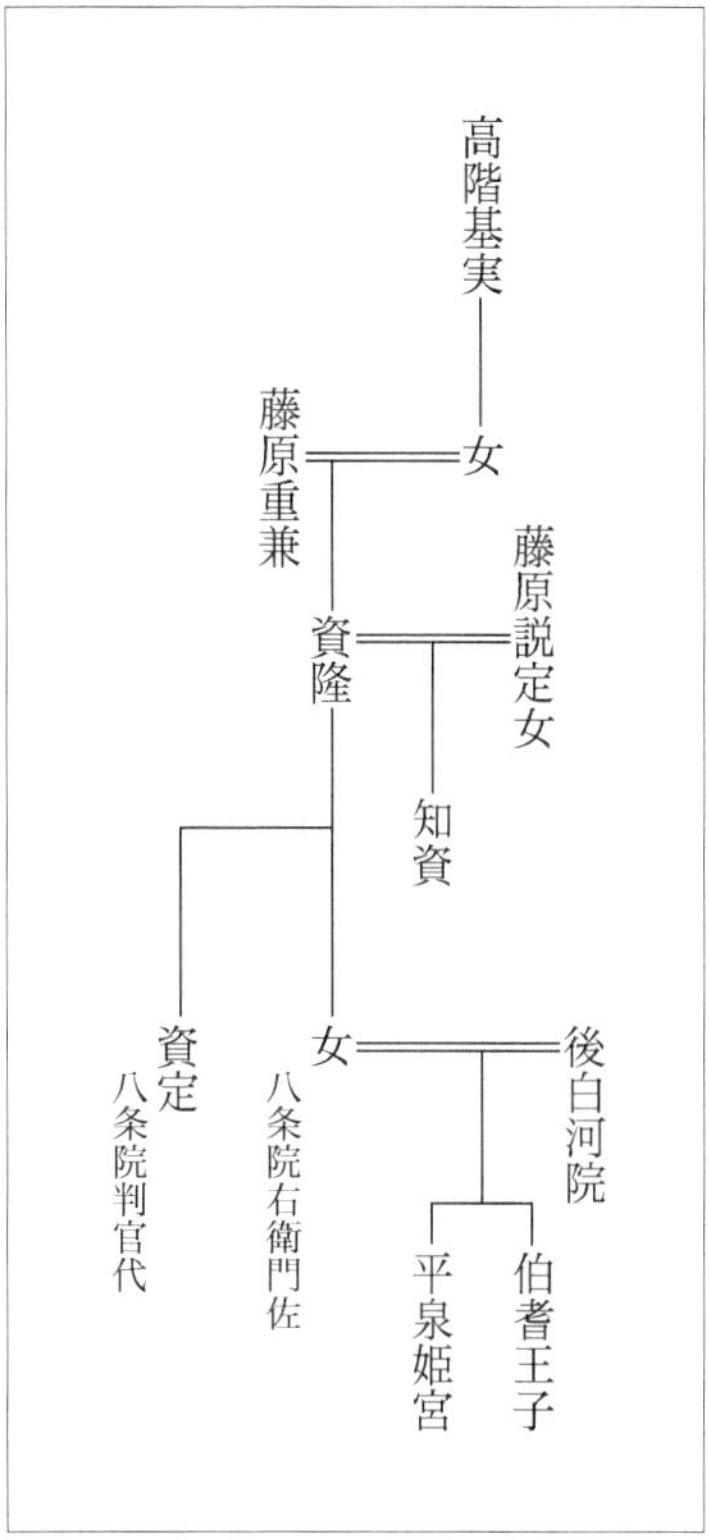

藤原資隆関係系図

しても名を残した人物である。その娘が後白河院の息子を産んだ。いわゆるご落胤《らくいん》である。寿永三年に二十歳とすれば、生まれたのは長寛《ちようかん》三年（一一六五）となる。

幼いころの王子を養育したという九条院は、太政大臣《だじようだいじん》藤原伊通《これみち》の娘で諱《いみな》は呈子《ていし》、久安《きゆうあん》四年（一一四八）に鳥羽院の皇后美福門院の養女に迎えられた。同六年には摂政藤原忠通《ただみち》の養女として近衛天皇の後宮に入り、立后して皇后となり、仁安《にんあん》三年（一一六八）に院号宣下を受けて九条院と号した。摂関家の藤原忠通・頼長《よりなが》兄弟の権力争いのなかで（この対立が武力衝突に発展したのが、一一五六年の保元《ほうげん》の乱である）、頼長が養女の多子《たし》を入内《じゆだい》・立后させたのに対抗して、忠通・美福門院《びふくもんいん》が呈子を後宮に送りこんだのである。

近衛天皇は久寿《きゆうじゆ》二年（一一五五）に十七歳で崩御し、世は内乱の時代に進むが、呈子は美福門院の庇護《ひご》のもとで、比較的安定した地位を確保していた。身近にいた女房の産んだご落胤を保護・養育する余裕は十分にあったであろう。彼女は安元二年（一一七六）に没しているので、それを機に王子は祖父の資隆に引き取られたと思われる。

さて、王子が出奔したのは治承三年（一一七九）、まず身を寄せたのは、大和源氏の一族の源信親、通称二川冠者のところであった。信親は治承五年（一一八一）に、奈良の悪僧らとともに、平家領の大和国大仏供荘《だいぶくのしよう》を攻撃していることが知られ（『玉葉』九月二十四日条）、同国内の反平氏勢力として活動していたと考えられる。王子は、反平氏の意向を強調するために、鹿《しし》ケ谷《たに》の陰謀事件の首謀者として平氏に殺害された藤原成親の息子を称したのだろう。

さらに王子は山陰地方に向かった。まず伯耆大山、続いて三徳山（江戸時代までは「美徳山」と表記されることが多い）に移ったのである。大山・三徳山・船上山《せんじょうさん》は伯耆三嶺《さんれい》と総称され、山岳信仰の拠点、修験の道場として多くの行者が修行する霊場であった。大山寺は西明《さいみょう》院・南光院・中門院という三つの院家から構成され、三千人余の衆徒が各院に属していた。これらの三院は十一世紀終わりごろから対立・抗争を続けており、武装した衆徒らが合戦におよぶばかりか、嘉保《かほう》元年（一〇九四）には中央での裁許を求め、神輿《しんよ》を奉じて強訴《ごうそ》を企てるほどであった（『中右記《ちゅうゆうき》』閏《うるう》三月八日条）。

三院の関係は、南光院対中門院・西明院という構図になっていたようだが、衆徒らの盛んな活動は、伯耆国内の諸勢力とも結びつき、大きな騒乱に発展していった。『大山寺縁起』によれば、治承・寿永の内乱期には、村尾・小鴨という伯耆国の東西を制する二人の大将が、それぞれ南光院・中門院の旦那として覇を

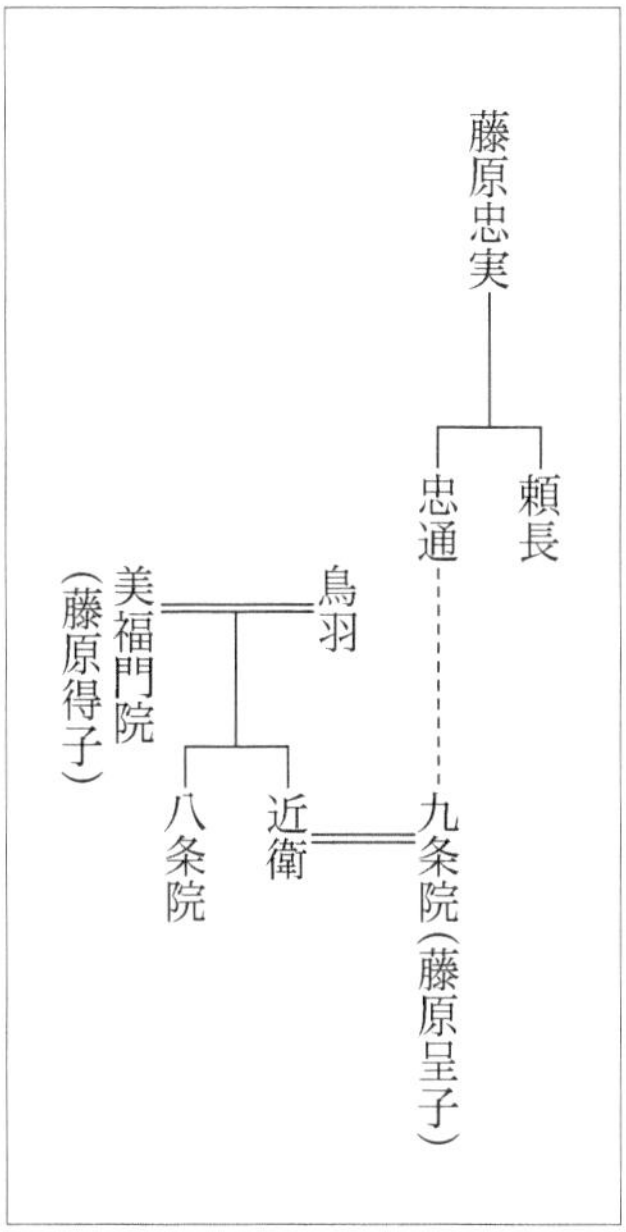

九条院関係系図

競っており、「互いに権を争い、所々を城郭に構え、合戦さらに絶えざりけり」という状態が続いていた。寿永元年（一一八二）には村尾海六成盛と小鴨基保が合戦し、後者が敗退したことが『吉記《きつき》』（八月二十日条）にみえる。出雲《いずも》・石見《いわみ》・備後《びんご》等の国々からも参戦する者があり、死者が千人以上にのぼる大規模な衝突だったという。

以上のように山陰のみならず山陽地方までもまきこんだ抗争のなかに、王子は藤原成親の子を称して乗りこみ、ついで平氏が寿永二年七月に、安徳天皇をともなって都落ちした後は、院の子であることをあきらかにした。村尾成盛の勢力が、このご落胤をかついで、伯耆国の半分を手中に収め、さらに美作国の一部も従えたというのである。快進撃の余勢をかって、王子は都に使者を送り、院と協同して反平氏戦線を組もうとしたのだろう。

平泉の姫宮

伯耆にあらわれた王子の動静を伝える史料は、『玉葉』のほかにはなく、これ以上のことはわからない。だが、今度は彼の姉妹とみられる女性があらわれる。鎌倉幕府の歴史を記した『吾妻鏡《あずまかがみ》』建久元年（一一九〇）六月二十三日条である。

昨年、頼朝《よりとも》公が奥州に進軍された際、「姫宮」と称する女性があらわれた。事情を尋ねたところ、母は九条院の官女であり、姫宮自身も箏《こと》が得意なので、その演奏をお聞かせするために、九条院のもとにいたことがある。その後思いがけない縁があって、奥州にやってきたのだなどと語った。疑わしい話だが、肥後守資隆入道の母に確かめたところ、宮であることは間違いないと言うし、奥州の住人達もまったく疑っていない。藤原秀衡《ひでひら》が彼女を寵愛《ちようあい》し、出家したいと言っても許さなかったという。

元暦《げんりやく》二年（一一八五）三月、平氏は壇ノ浦で滅びたが、その最大の功労者は源頼朝の弟、義経《よしつね》だった。義経は四月に京都に凱旋《がいせん》、五月に平宗盛ら平氏の捕虜をともなって関東に向かう。しかし鎌倉に入ることを許されず、謀反人として追われる身となった。頼朝の新政権には、義経の居場所は用意されていなかったのである。義経は逃亡を続けて奥州平泉《ひらいずみ》に至り、藤原秀衡の庇護下に入った。

同地は黄金や馬の産地であるとともに、北方交易によっても利益をあげており、奥州藤原氏のもとで繁栄を謳歌《おうか》していた。その象徴的な存在が、中尊寺金色堂である。富に惹《ひ》きつけられる人々が訪れるのはもちろんだが、政治的に追い詰められた人々、いわば亡命者の受け入れ先としても機能していたのである。

秀衡は文治《ぶんじ》三年（一一八七）に亡くなり、跡を継いだ息子の泰衡《やすひら》は、これ以上義経をかくまいきれないと判断した。義経を襲って首をとり、その首を鎌倉に送って頼朝との融和をはかる。だが頼朝は奥州藤原氏の存在を許さなかった。全国の武士に動員をかけ、文治五年（一一八九）七月に奥州征伐に出発する。治承・寿永の内乱で、実際にはほとんど戦場に出る機会のなかった頼朝が、武士達を実戦で指揮し、内乱の総決算、新政権による東国制覇の仕上げとなる戦いを行おうとしたのである。

奥州征伐は成功し、その戦後処理の段階で登場したのが、上記の姫宮である。頼朝は勝利によって、奥州藤原氏の莫大《ばくだい》な資産を手にすることになったが、そのなかに姫宮までが含まれていようとは予想していなかっただろう。『吾妻鏡』は続けて述べる。

まったくの狂人なら、秀衡が大事にするわけがなかろうと、頼朝公もいささか逡《しゅん》巡《じゅん》された。本当に王胤なら、このような田舎においておくのは畏れ多い。そこで都にお連れして、大江公朝《きんとも》を通じて朝廷に問い合わせたところ、事実無根であるという院宣（院の仰せを受けて出す文書）が届いた。

奥州の人々は「姫宮」を手放しで信じ、大切にあつかったようだが、頼朝ははじめから胡《う》散臭《さんくさ》いものを感じていたようである。後白河院の回答と、それに対する頼朝の返信は以下のとおりである。

宮と称する人のことは事実無根である。王胤だという根拠はない。報告のとおりならたいした者ではないだろう。都に滞在させるのは適当でないので、早く送り返すように。

宮を称する狂惑の者についてのお返事は、たしかに承りました。もとより信じがたい話でしたが、念のため実否を確認しようと都に送り届けたのです。仰せに従って関東に召し下し、処罰いたします。顔に傷をつけて追放することにしますが、佐々木経高という者が阿波《あわ》におりますので、そこに預けようかとも考えております。このような次第ですので、後白河院さまによろしく申し上げてください。

後白河院は、姫宮の件をあっさり却下、それを受けて頼朝は、彼女の処罰・追放を約束した。顔に傷をつけるのは、とくに女性に対して行われる刑罰だったと考えられている。おそらく後白河院は、この姫宮について、たいした調査も確認もしていなかったろう。彼の周囲には多くの女性が出入りしており、子供を産んだ者もいたかもしれないが、いちいち関知してはいられなかったのである。

文覚の書状

『吾妻鏡』が伝えるのはここまでだが、ほかに治承・寿永の内乱から鎌倉幕府の成立・確立にいたる激動の時代に縦横に活動した怪僧文覚上人《もんがくしょうにん》の書状のなかに、平泉の姫宮のことが見える（『神田孝平氏旧蔵文書』）。鎌倉から京都への姫宮の移送および後白河院との交渉を任されたのは文覚だったらしい。たしかに、いわばマージナルな領域に属する文覚は、このような仕事には最適の人材である。彼は都にいる協力者に対して、姫宮の一件についての措置を要請している。

宮と自称する人が鎌倉に滞在しておられる。頼朝公としても、仮にも宮だと言っている者を放っておくわけにもいかず、都にお連れして、後白河院に事情を申し上げ、ご判断を仰ぐようにとのことなので、私が同行して上洛する次第である。江判官（大江公朝）に、すぐにこの件を院にご相談して、その結果を近江《おうみ》の港に知らせるよう頼んでほしい。宮をお連れして京都に入ったなどと評判になっては面倒である。院の仰せを受けて、すみやかに追い払うことができるようにしたい。宮と称して諸国をふらふらされては、朝廷のためにも都合が悪い。肥後入道（藤原資隆）の孫だと言っているらしい。早く江判官に伝えて、返事をもらうようにしてほしい。

江判官は前出の大江公朝で、後白河院と頼朝、あるいは鎌倉と京都との連絡係としてたびたび起用された人物である。彼を通じて、できるだけ早く後白河院の意向を確かめ、姫宮を追放してしまいたいのである。できるだけ秘密裏に進められるよう、「宮」を京都に入れずに近江に留め置き、返事を待つ作戦である。鎌倉幕府の関係者は、はじめから彼女を狂人あつかいし、ご落胤である可能性には否定的だが、一方で、真偽を問わず「宮」が世間に及ぼす影響の大きさも十分に認識していたのである。

大山の王子と平泉の姫宮

伯耆大山と奥州平泉という、遠く離れた地にあらわれた二人の宮は、いうまでもなく怪しいのだが、怪しいなりに筋が通っている。とりどりに時代の変動に翻弄されながら、二人の語る来歴を総合すれば、兄弟としてきちんと符合する。彼らの母は、藤原資隆の娘で九条院に仕える女房であり、その縁で、二人とも同院のもとに身を寄せていた時期がある。『玉葉』治承二年（一一七八）七月二十八日条には、肥後守資隆の娘で、八条院に女房として仕え、右衛門佐《うえもんのすけ》と呼ばれている女性がいたことがみえている。後白河院はこの女性を寵愛し、手許《てもと》から放さなかったという。二人の宮の母親が、長く世話になった九条院の死後、八条院（鳥羽院と美福門院とのあいだの皇女）のもとに移り、再び院の寵を得たと考えることもできる。また本人ではなく、その姉妹という可能性もあるだろう。いずれにしても藤原資隆の娘に、女院の女房となり、院の目にとまるような者がいたことは裏づけられるのである。

また平泉の姫宮のほうは、曾祖母《そうそぼ》にあたる「資隆入道の母」なる人物が、ご落胤にまちがいないと保証していたという。この「資隆入道の母」もよくわからないが、『尊卑文脈』によれば高階基実の娘で、かなりの高齢になっていたはずである。九条院の死後、王子が祖父の資隆の保護下に移ったのに対し、姫宮は女系をたどって祖母や曾祖母の世話になったということかもしれない。何かのきっかけで、曾祖母とともに平泉に赴くことになったのだろう。曾祖母は姫宮にちょいと箏など弾かせて、その血統のやんごとなさを吹聴《ふいちょう》し、姫宮の後見人のような立場におさまった。京都での細々とした生活に比べ、平泉ではるかに大事にされ、華やかに暮らすことができたにちがいない。

伯耆の宮と平泉の姫宮が本当にご落胤だったのか、また二人が本当に兄弟だったかは、確かめる術《すべ》がない。だがこの二人が、活動の場は遠く離れているものの、共通する構想のもとにあったことはまちがいなかろう。

博打と山伏

天竺冠者の詐欺は、治承・寿永の内乱期にあらわれた二人の宮の事件のパロディのように見える。その共通点は、地方において「親王」の身分を利用することと、広域性である。そして広域に活動する者とは誰かと考えたときに、修験者・山伏に思い至る。伯耆の宮が拠《よ》った大山・三徳山等の主役である。

天竺冠者がでっちあげた神社の体裁も、山岳宗教の施設とよく似ている。また彼が自分の母親の遺体でつくったミイラは、内臓を除き、漆を塗るなど、具体的な工程が述べられており、特殊な知識や技能が必要だったはずである。修験道における厳しい修行の結果としての即身仏や、それに類したものを信仰の対象とする風習に親しんだ者、そのための技術を持った者が、天竺冠者の周囲にいたことをうかがわせる。彼が親王を名乗ったことも、過去に親王を騙って一定の成功をおさめた博打や山伏集団の記憶があったからこそではないだろうか。

修験道の行者は、山中にこもって修行するばかりでなく、多くの霊場をめぐることが少なくなかった。平安時代後期成立の『新猿楽記』では、登場人物の一人「一生不犯の大験者」である次郎が「行を競い、験を挑」んで修行を積んだ地として、大峯・葛木・熊野・金峯・越中立山・伊豆走湯・根本中堂・伯耆大山・富士御山・越前白山・高野・粉河・箕尾・葛川を列挙している。また山中で苦行に励む修験者の姿は、呪力を帯び、畏怖をよびおこす存在である「天狗《てんぐ》」として形象化された。天狗は時空を超えて飛行し、多くの霊場を自由に行き来したのである。源義経は、頼朝の追跡を逃れるために吉野山に潜行して山伏を装い、奥州に向かうにあたっては、羽黒山伏が熊野参詣の帰路に北陸を経由する体をとって関所を通過していったという（『義経記《ぎけいき》』）。

山伏（『七十一番職人歌合　新撰狂歌集　古今夷曲集』岩波書店より）

より実態に即して述べれば、山伏は広範な地域を廻って、信者との関係を維持し、新たな信仰を獲得する活動を行っていた。定期的に信者を訪問して喜捨を集め、険しい山岳霊場への参拝を代行し、信者自身が参詣を思い立った際には、旅行や宿泊の手配などを引き受けるのである。家々を一軒ごとに訪ね、信仰を勧める門付《かどづけ》勧進の方式で、自然に各地・各戸の事情にも精通することになったと考えられる。南北朝期以降には、山伏のこのような活動が、棟別銭（家屋の棟数に応じて銭貨を賦課する課税の方式）の徴収に利用されたことが、榎原雅治氏によって指摘されている（「山伏が棟別銭を集めた話」）。

山伏の持つこのような情報を、なんらかの方法で共有することによって、博打は賭博の場を設定すべきところを知り、詐欺の企画を練ることができたのではないだろうか。財貨の集金・蓄積・送金等について、一定の仕組みを必要とする点においても、両者は共通している。

博打と山伏は多くの共通項を持っており、互いに親和性の高い集団として、情報の共有や人材の交流等が少なからず行われていたのだろう。伯耆の王子と平泉の姫宮が、本当に皇胤だったかどうかを確かめる術はない。本物のご落胤だったとしても、京都にとどまったままでは、確たる後ろ盾のない二人の運命は先細るばかりだったろう。彼らがわずかながらも歴史に名を残したのは、地方に出て、その希少性を認められたからこそである。そして彼らを地方へと導いたのは、博打の構想力と山伏の遍歴ルートだったのではないか。

山伏・鋳物師・遊女

本章の最後に山伏の登場する説話を紹介しておこう。『古今著聞集』の「興言利口」の項にみえる「中間《ちゅうげん》法師・山伏・鋳物師同宿し山伏偽りて遊女を侵し後朝争論の事」である。

ある中間法師（雑用を担当する下級の僧侶）が天王寺から京都へ上ろうとする途次、山伏と鋳物師と道連れになった。今津のあたりで日が暮れたので、三人は宿に泊まったが、その宿の主人は遊女であった。それぞれ床につき、主人の遊女も塗籠《ぬりごめ》の寝室に入った。皆が寝静まったころ、山伏が起き上がり、髪を髻《もとどり》に結った。鋳物師はぐっすり眠っていたが、中間法師は寝たふりをして山伏の様子をうかがっていた。山伏は髻を整え終わると、眠っている鋳物師の烏帽子を脱がせて、自分の頭にかぶった。しかる後に塗籠の前に行き、そっと戸を叩《たた》いた。遊女は戸を明けて「誰？」と問う。「私はお宅に泊めていただいている者です。拝見したところ、お宅の釜はひとつだけで、脇釜がない。さだめてご不自由でありましょう。そう言う私は鋳物師でございますから、釜を差し上げようと思いますが、いかが？」と言う。遊女はたいそう都合が良いと思い、男を中に迎え入れた。

さて、よろしくあって、山伏はかぶっていた烏帽子を遊女の枕もとに残し、自分はそっと部屋を抜け出した。髻をほどいて髪をもとどおりに直し、早朝のおつとめなどして、連れの二人に言う。「ご一緒したいのはやまやまなのですが、急ぐことがございますので、お先にでかけます」二人は「せめて食事だけでもしていかれたら」などと引き止めたが、きかずに出立した。

その後、鋳物師は烏帽子がないことに気づいたが、どうしても見つからないので、落ち着かなくて仕方ない。そのうちに夜が明け、遊女が起きてきて、「約束の釜はどこにあるのですか、はやく出してください」と鋳物師を責める。もちろん鋳物師は、そんな約束をした覚えはないと反論するが、埒《らち》があかない。
「おとぼけなさるな。ここにあなたの烏帽子があるでしょう。他人のせいにして、私をだしぬくわけにはいきませんよ。はやく約束を果たしてください」
「いくら責められても、私は何もしていませんよ。どうしてそんなまことしやかなことをおっしゃるんですか」

このあと遊女は、ともに一夜を過ごした者どうしでなければわからない事実を述べ、それに対して鋳物師が明白な反証を示す。あまり格調の高い内容ではないので省略するが（もちろんこの話全体の格調が高くはないのだが、それにしても書くのがはばかられる低さなので）、興味のある方は『古今著聞集』の原文を参照していただきたい。

遊女は納得して引きさがった。となり近所までもが騒ぎを聞きつけて、「あの山伏にしてやられましたね」と、皆で腹を立てたり、笑ったりしたことであった。鋳物師は難を逃れて、無事に都へと向かったという。

山伏は、僧侶のように頭を丸めておらず、総髪で頭巾《ときん》という宝冠を模した小さな帽子のようなものを着けている。そこで一般男性のように髻を結い、烏帽子を拝借してかぶれば、鋳物師のふりをすることができたのである（もう一人の連れである中間法師は、もちろん剃頭なので、こちらになり代わることはできない）。遊女がいた塗籠は壁で仕切られた部屋のことで、一般の居室が固定した間仕切りを持たず、屛風《びょうぶ》や几帳《きちょう》などで目隠しをする程度だったのにくらべて、保安性に優れ、プライバシーを確保することができる。山伏は釜を餌《えさ》にして、首尾よく塗籠の戸をあけさせたわけである。一方の鋳物師は、あらぬ疑いをかけられたうえに烏帽子を失って、ひどくきまりが悪かったことだろう。

山伏・鋳物師・遊女という登場人物は、いずれも非農業分野を生業とし、遍歴をこととする、社会の境界的な領域に属する人々である。それぞれ一筋縄ではいかないはずだが、この話では山伏が他の二者を、鮮やかに出し抜いている。いま一人の登場人物である中間法師が、一部始終を承知していながら、たいした役割を果たしていないのは、彼の立場の凡庸さをあらわしているのかもしれない。博打と山伏は、互いの世界を融通しあいながら、大なり小なり、ありきたりな日常から抜きん出る構想を実践していたのである。

第二章　夢みる人々

夢の力

夢については、深層心理をあらわすとか、現実を補償する機能を持つとか、時には未来を予知するなど、いろいろな効用が語られる。私はあまり夢をみないのか、それとも夢の内容をほとんど忘れてしまうせいなのか、いずれにしても夢をみたと認識することが少ないほうだと思う。それでもたまに印象の強い夢というのがあって、亡くなった母が出てきたことがあった。どういう脈絡だったか全く覚えていないのだが、とにかく強烈な夢で、私は泣きながら目を覚ました。しばらくして、ああそういえばお盆だったと気がついたのだった。

近代以降の夢は、もっぱら個人の心の問題として扱われるが、中世の人々にとって夢は重要なコミュニケーションの手段だった。身分の差や情報の不足など社会的な制約が大きいなかで、夢はさまざまな隔てをとりはらう、いわば別次元の力を人々に与えた。

治承・寿永の内乱から鎌倉幕府の成立にかけての激動期を生きた九条兼実は、『玉葉』と呼ばれる日記を残しており、そこには夢に関する記述がしばしば登場する。また兼実の生活には、祈禱《きとう》や呪術を行う僧侶・陰陽師《おんみょうじ》が深く関わっており、病気の際などには、医師よりも先に、彼らを呼んで快癒をはかるのが常であった。かかりつけ医に優先する存在として、かかりつけ祈禱師がいたわけである。人為よりも、それを超えた世界を重んずる日常は、夢に多くの価値を見出《みいだ》した。夢は神仏や霊からの告知とみなされ、時に神祇官《じんぎかん》で行われる亀卜《きぼく》や陰陽寮が行う式占《しきせん》等の公式の占卜よりも重んじられたのである。

夢語り共同体

九条兼実とその周辺の夢については、早くは芳賀幸四郎氏がとりあげておられる（「九条兼実と夢」）。芳賀氏は『玉葉』の夢に関する記事が、治承三年（一一七九）から文治四年（一一八八）までの期間に集中していることを指摘し、その間の社会的変動の激しさや、兼実および九条家の置かれた政治的に不安定な状況が、夢の話題と深く関係していると論じている。

九条兼実（『天子摂関御影』宮内庁三の丸尚蔵館所蔵）

また菅原昭英氏は、同じく『玉葉』のなかの夢記事に注目し、それらの多くが兼実自身のものではなく、周囲の人々が自分のみた夢を語ったのであると述べた（「夢を信じた世界―九条兼実とその周囲―」）。このように夢を報告し、共有するのは家族や家司《けいし》、祈禱僧など、兼実と生活圏を共有し、運命の浮沈をともにする立場の人々である。菅原氏は、この関係を「夢がたり共同体」と呼んだ。この共同体の中で行われる「真剣そのもの」の夢語りは、彼らに現実に対処する力を与えるばかりでなく、世論のコンセンサスを誘導する働きをも生み出しうる、社会性の高い行為であることを指摘したのである。

共同体のなかで語られる夢は、夢みた者だけのものではなく、共同体が共有すべき希望であり、それをひろく敷衍《ふえん》することを通じて、多くの人々の共感を惹起《じゃっき》することもできた。さらに夢は、外部からこの共同体に参加するための入場券ともなった。通常の条件では受け入れてもらえないような身分・背景の者であっても、共同体の意向に沿った夢を語ることを通じて、扉を開けてもらえたのである。本章では『玉葉』を素材として、中世の夢の持つさまざまな役割について考えていくことにしたい。

摂関家の浮沈

最初に、『玉葉』で夢に関する記事があらわれる治承・寿永年間（一一七七―一一八四）の九条兼実の立場を確認しておこう。彼は久安五年（一一四九）の生まれである。父は藤原忠通（一〇九七―一一六四）、母は太皇太后宮大進藤原仲光の娘で、摂関家に女房として仕えていた「加賀殿」と呼ばれる女性である。同母の兄弟は四人で、兼実は長子、ほかに三井寺に入室した道円（嘉応《かおう》二年に二十歳で夭折《ようせつ》）・太政大臣《だじょうだいじん》にまで昇った兼房・天台座主《ざす》となった慈円がいる。特に慈円は兼実と親しく往来し、『愚管抄』という歴史書を著して、九条家および摂関家の地位を歴史的に説明するなど、政治・思想の両面から兼実を支えた。兼実の父忠通は、鳥羽・崇徳《すとく》・近衛・後白河の四代の天皇の摂政・関白を三十七年にわたってつとめた人物である。だが摂関家を主導し、朝政を掌握する地位を、年の離れた弟である頼長《よりなが》（一一二〇―一一五六）と争って、保元の乱をひきおこすことになった。忠通・頼長の父である忠実《ただざね》が優秀な頼長を偏愛し、権力を与えようとしたことが対立の原因のひとつではあるが、その背景になるのは摂関家において世代間の継承がうまく機能しな

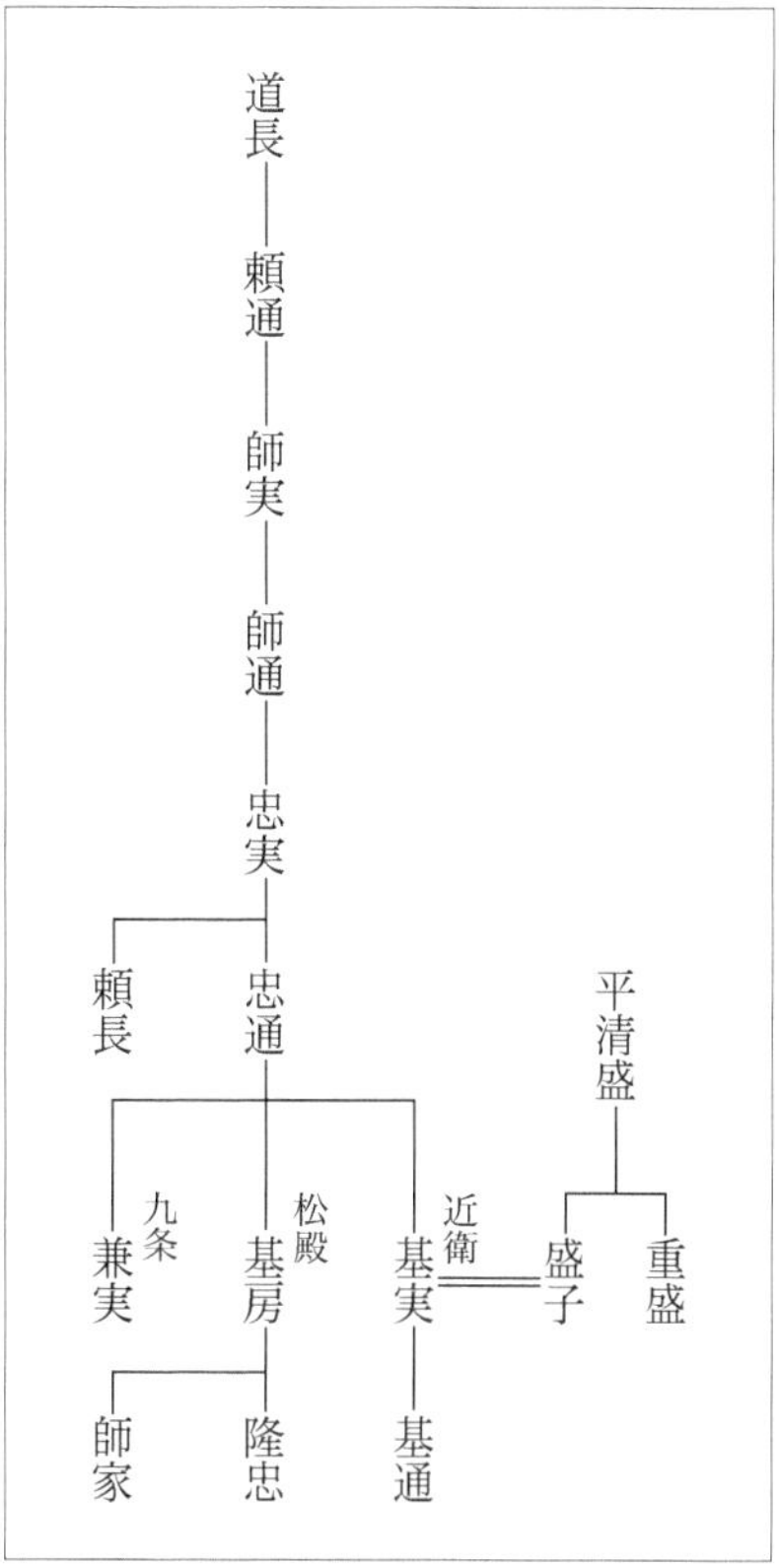

摂関家系図

くなっていた事実だろう。

　忠実の父の師通《もろみち》は康和元年（一〇九九）に急死した。当時弱冠二十二歳の権大納言であった忠実は、関白に就任することができず、摂関家の権威は大きく揺らぐことになった。さらに忠通も嫡子となる基実《もとざね》を得たのは四十七歳の康治《こうじ》二年（一一四三）と遅く、すでに弟の頼長を猶子《ゆうし》にしてしまっていた。そこで忠通の後継者の地位をめぐって一族内での軋《きし》みが生じたのである。

　保元の乱で頼長は敗死し、忠実は事実上幽閉の身となって、忠通・基実父子は優位を確保した。保元三年（一一五八）には、基実が十六歳で二条天皇の関白に就任し、忠通はなんとか息子への継承を果たした。そのように年少の関白が実現したことは、摂関家の家格の安定の結果ではあったが、同時に、関白の役割の低下と形骸化をあらわしてもいたので

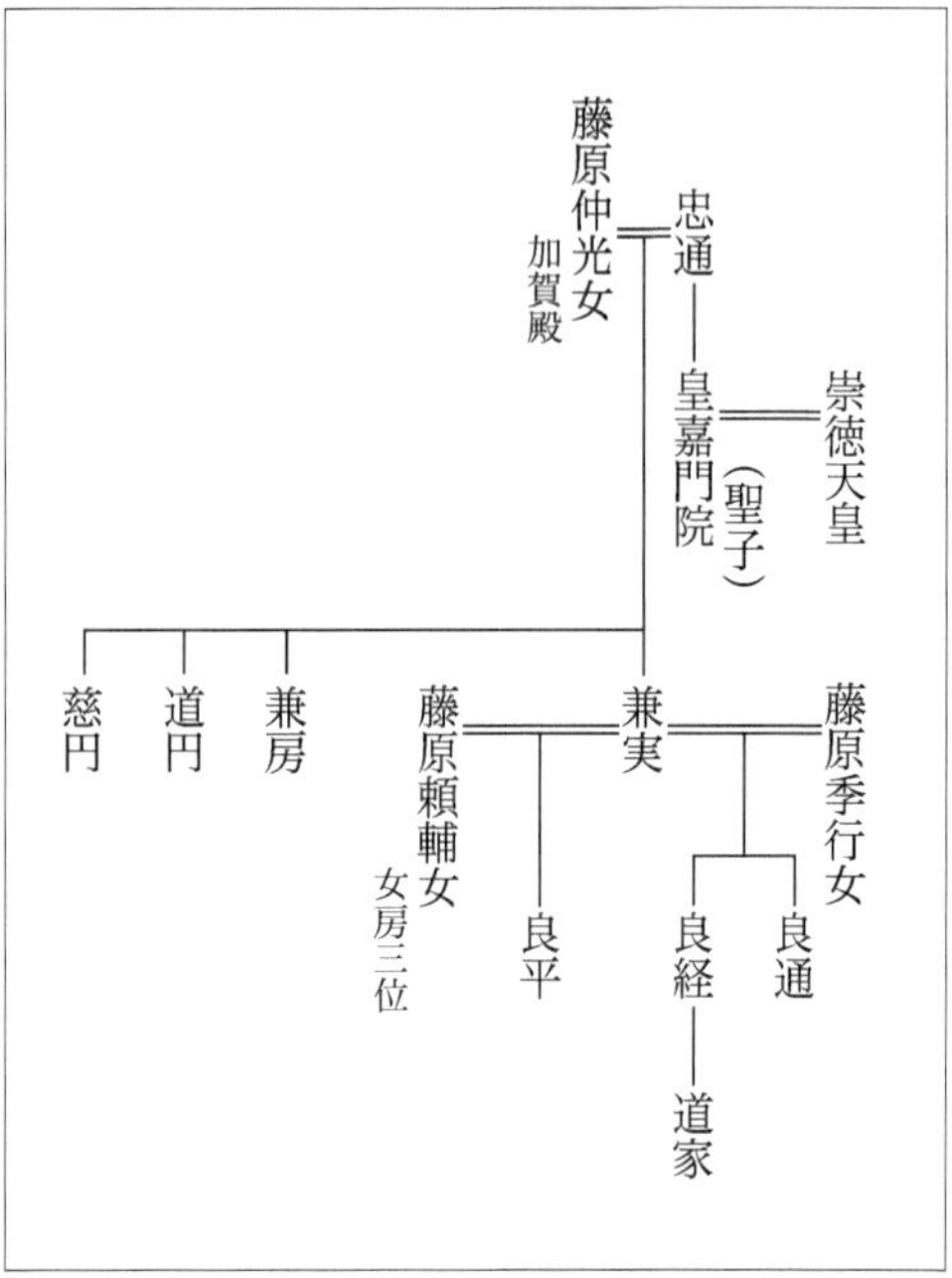

九条家系図

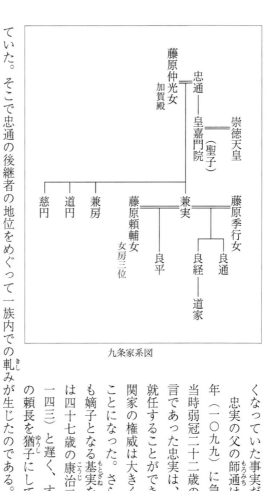

ある。

保元・平治の乱後、摂関家の権威は、院からの圧力だけでなく、平氏の隆盛にも脅かされるようになった。平清盛は娘の盛子《もりこ》を基実の妻に配し、摂関家内部へと触手を伸ばしていた。だが永万二年（一一六六）、基実が二十四歳で病没、当然ながらその嫡子の基通《もとみち》は幼く、まだ七歳であった。そこで六条天皇の摂政の座は、基実の異母弟の基房にわたったのである。ただし、このとき基実の遺領は基房には譲られず、妻の盛子が受け継いだ。摂関家の正嫡は基通で、基房は中継ぎとみなされていたようだが、この摂関家領の帰属がのちに大きな問題となる。

忠通は基実が生まれてからは、多くの男子に恵まれた。永万二年の基実が亡くなる直前の布陣は、摂政が基実・左大臣に基房・内大臣に本章の主役の兼実と、三人の息子が朝廷の要職を占め、たいそう豪華である。この三人が、後に近衛・松殿・九条と呼ばれるそれぞれの家を興すことになる。公卿《くぎょう》としての彼らの優勢は、かつて藤原頼通とその弟たちが摂関・大臣の座を独占していた状況の再現のように見える。

だが貴族社会における血統の維持が、兄弟間の継承から直系継承へと変化している現実に照らせば、基実ら三兄弟による独占は、直系継承の破綻から生じた不測の事態にすぎなかった。七月に基実が薨《こう》じたことにより、基房が摂政に、兼実が右大臣に繰り上がったが、空席となった内大臣の座を獲得したのは平清盛である。摂関家はもはや朝政の主役ではなく、武士の政権がすぐそこに迫ってきていた。

清盛のクーデター

仁安三年（一一六八）六条天皇が譲位し、高倉天皇に替わったあとも、基房は摂政として用いられた。ただし実権を握っていたのは平清盛で、基房と清盛との関係は円満とは言い難かった。そして治承三年（一一七九）六月、基実未亡人の盛子が亡くなると、摂関家領の帰属問題が再燃した。後白河院と基房が共謀して、同領の接収をはかったのである。十一月、激怒した平清盛は、武士数千騎を率いて六波羅から上京、後白河院を鳥羽殿に幽閉し、基房を解官・流罪とした。清盛は後白河院の院政を完全に否定し、自らの独裁体制を確立した。これが清盛による治承三年のクーデターと呼ばれる事件である。

基房の解官後は、基実の息子の基通が関白の座に就いた。彼は二十歳と年齢が若く、地位も非参議という、公卿としては最下位の身分だった（非参議とは、位階が三位以上で、公卿としての必要条件は満たしているが、参議以上の役職を得ていない者を指す。いわば員数外の公卿である）。従来なら、たとえ摂関家の御曹司であっても、このような地位から摂関に起用するわけにはいかなかったのだが、今回は非参議からいきなり内大臣に昇進させ、関白にしてしまったのである。貴族社会で何よりも重んじられるはずの「先例」を無視した乱暴な措置といわざるをえない。だが、摂関の役割が低下したために、ただのお飾りなら経験の乏しい若者でもかまわないと判断されたのだろう。もちろん清盛にとっては、その方が好都合である。

兼実は右大臣に据え置かれたが、彼の鬱陶を宥《なだ》めようとする清盛の配慮で、息子の良通《よしみち》が従二位・権中納言・右大将へと昇進した。良通もまだ十三歳の少年である。兼実としては清盛に気を遣ってもらうのは内心忸怩《じくじ》たるものがあったらしい。だが断るだけの勇気もなく、ありがたく受ける風を装うしかなかった。

平清盛（『天子摂関御影』宮内庁三の丸尚蔵館所蔵）

兼実は、『玉葉』に「子細を知らざるの人、身の恥を知らず、望みをいたすの旨を存ずるか」（事情を知らない人は、私が恥知らずにも、清盛に対して息子の昇進を願ったと思うだろう）と記している（治承三年十一月二十日条）。出自の低い清盛に阿諛《あゆ》追従《ついしょう》したと後ろ指をさされるのは、心外だったにちがいない。彼は非常に真面目で、先例や手続き・たてまえにこだわる人柄である。思うように昇進できない立場に不満を持つ一方、権力にこびへつらうこともできず、矛盾した思いに気を揉《も》む日々が続いていた。

木曽義仲と松殿基房

だが権力を掌握し、独自の政権を樹立したと見えた平清盛も治承五年に死去し、その後平氏は下り坂に向かう。寿永二年（一一八三）には、北陸道を制した木曽（源）義仲が京都に進軍し、平氏を都落ちに追い込んだ。松殿基房は義仲と結んでの復権を画策した。義仲とともに入京した源行家のもとに使者を送り、以下のように訴えたのである。「摂政・関白の職に家嫡でない者が就くことは、次男までなら前例があるが、三男に及んだ例はない。世間では兼実が次の摂政になると噂《うわさ》しているようだが、全く不当である」。

兼実は、この話を聞いてたいそう憤慨した。ただし政界で運動して回るわけではなく、日記のなかで反論するだけだが。彼はまず「天子の位・摂関の運は人力の及ぶところにあらず」と述べて基房の主張を非難し、その後、藤原忠平・兼家・道長という過去の大物摂関たちが、いずれも三男以下だったことを指摘している。知識も判断力もない後白河院や源氏の人々に対して、基房が間違った意見を吹きこみ、重要な地位を左右しようとはかるのは、まったくけしからんことだと強調し、「ただし、私としては、このような乱世に摂関をひきうけるのは、好むところではない」と結んでいる。落としどころがそこだとは、煮え切らない男である。世間では、兼実を次期摂政に推す声があがっていたし、彼自身も「次こそは」と期するところがあったらしいが、思い切った行動に出られないのである

（『玉葉』寿永二年九月六日条）。

兼実がストレスをためているうちに、基房は義仲にとりいって、自分の息子の師家《もろいえ》を内大臣・摂政の座につけてしまった（『玉葉』同年十一月二十二日条）。権力が交替するたびに摂関も替わるが、兼実の出番はまだめぐってこなかった。

源義経の登場

義仲が都で勢威をふるったのはわずかな期間で、翌寿永三年正月には、源義経に追われて近江粟津《あわづ》（現在の滋賀県大津市）で戦死した。義仲派の松殿師家は解任される形勢となり、兼実は再び摂政就任に希望を抱く。彼は、ある人から「いよいよあなたの出番ですよ」と告げられたと記す。自分が国のために身命を惜しまず尽くすことは仏天もわかっているだろうから、あとは運を天に任せて、伊勢《いせ》神宮・春日大明神に一心に奉仕するだけだとの意気ごみを述べている（『玉葉』寿永三年正月二十一日条）。後白河院としても、兼実の存在を無視するわけにはいかなかったらしく（人材が払底して、ほかに相談すべき相手が思いつかなかっただけかもしれないが）、三種の神器を確保している平氏追討の方策や源頼朝への褒賞等について諮問を行った（同、正月二十二日条）。

このころ兼実の息子の良通の体調が悪く、九条家には祈禱僧の仏厳《ぶつごん》上人・陰陽師の安倍泰茂などが招かれた。泰茂は除病のための護符を書き、また加持祈禱を行うことの吉凶を占った。その結果が吉と出たので、兼実は春日社に対して三つの願を立て、仏厳に読み上げさせた。三つの願とは、①今年から三箇年、毎年参詣する、②神前で毎月金剛般若経《こんごうはんにゃきょう》を読む、③一尺三寸の不空羂索観音《ふくうけんさくかんのん》像を造り、長日供を始めるというものである。この晩から翌日にかけて良通はだいぶ回復し、兼実は「実に霊験があきらかである」とご機嫌だった（同、正月二十四・二十五日条）。兼実の理解によれば、良通は脚気《かっけ》の症状がひどく起居が不自由だったが、霊験のおかげで動けるようになったのである。占いや祈禱はただの気休めではなく、実際に病気を治し、状況を変える力を持っていた。

ところがそうしているうちに、後白河院のもとでは人事が進められており、近衛基通が摂政に還任《げんにん》された。正月二十二日に宣下された人事が、二十五日になってやっと兼実の知るところとなったのである。われらが兼実は蚊帳《かや》の外に置かれたまま、またも摂関の望みを絶たれてしまった。

九条家の夢

前に松殿基房が主張したように、兼実は兄弟の順序から言えば、基実・基房に次ぐ位置にあり、兄たちが次々と早世でもしなければ、摂関の地位には手が届かないはずであった。

ごく堅苦しい人柄で、時の権勢家にとりいることもできず、後白河院の恣意的な要望を付度《そんたく》するような高度な世渡りなど到底無理である。だが内乱とめまぐるしい権力の交替によって、摂関の首はどんどんすげ替えられ、そのたびに兼実には希望がもたらされた。

治承三年（一一七九）九月七日、あいついで「吉夢」の報告があった。まずは藤原頼輔《よりすけ》から、伊勢神宮と春日大社のご神体が兼実邸の庭の樹の上に御座しておられたという。皇嘉門院聖子《こうかもんいんせいし》（崇徳天皇中宮）の夢は次のようなもの。高い長押《なげし》のうえに兼実と良通が坐《すわ》っており、その下に現関白松殿基房とその息子の隆忠がいた。隆忠と良通が身長を比べたところ、隆忠のほうがあきらかに低い。隆忠は年長で、官位も高いのに、良通が目に見えて勝《まさ》っているのは、たいへん縁起が良いと夢の中で思っていたところ、いつのまにか基房は見えなくなり、兼実父子はなお長押の上にいたという。また具体的な内容は記されていないが、信助阿闍梨《しんじよあじやり》からも吉夢をみたと知らせがあった。

これらの夢は、伊勢神宮や春日大社による兼実および九条家に対する加護、兼実・良通父子の松殿家父子への優越を示すものといえるだろう。神意を得て、九条家が松殿家に代わって摂関の地位に就くことを予見する内容といえる。藤原頼輔は、「女房三位」と呼ばれる兼実の室の父、皇嘉門院聖子は兼実の姉で、最も有力な支援者として頼りにされていた。信助も九条家に頻繁に出入りし、祈禱を修している僧侶である。

この年の夏には、近衛家の所領を相続した平盛子と、平重盛が亡くなっており、平清盛はあいついで二人の子を失った。前述のとおり摂関家領の行方が問題となり、また嫡子重盛を失った清盛が先鋭化するなど、政治の潮目が変化したことはあきらかだった。この段階での兼実や九条家の関係者が抱いていた期待を反映して、上記の夢が語られたと考えられる。このような吉夢は、将来起こりうる幸運についての予祝の意味もあるだろうし、兼実にとりいる、あるいは兼実を励ますためという面もあるだろう。残念ながら、関白の座は近衛基通にまわってしまい、九条家の人々には気の毒な結果となった。

占筮と夢

寿永二年（一一八三）七月、平氏は安徳天皇を奉じて西海に去り、都では混乱が続いた。「京中物取追捕、逐日倍増、天下すでに滅亡しおわんぬ」（都では盗みや略奪が日を追って増加している。もはや天下滅亡の時か）と兼実は嘆く（『玉葉』八月六日条）。一方では、安徳に代わる新しい天皇を立てるべきか否かという議論がなされていた。平氏が三種の神器を持ち去ったために、神器なしでの践祚《せんそ》の可否が大きな問題となったのである。兼実は、①天皇が不在のままでは都の狼藉《ろうぜき》は止《や》まず、②新天皇を立てなければ、安徳帝と三種の神器を擁している平氏に対して追討令を出すことは難しく、③神器なしでの践祚は継体天皇の例があるのだから、とりあえず践祚し、即位式までに神器を整えれば問題ないと主張した。

「およそ天子の位、一日も曠《むな》しくすべからず」というわけである。

兼実の意見はいつもながら筋が通っており、次に必要なのは新天皇の人選である。そこで占卜が行われた。高倉院の三の宮（惟明《これあきら》親王）と四の宮（尊成《たかなり》親王）について、神祇官と陰陽寮が占ったところ、いずれも兄宮が吉と出た。ところが後白河院の寵姫《ちょうき》が「夢想」を持ち出してきた。もとは遊女だったが、後白河院の寵を得て女房丹波となり、今では重んじられて「六条殿」と呼ばれているという女性である（女房「丹波」については、後白河院の寵姫として有名な丹後《たんごの》局《つぼね》〈高階栄子《たかしなえいし》〉の誤記あるいは誤認とみる説もある。ただし『山槐記《さんかいき》』安元元年八月十六日条には、承仁法親王の母として「丹波局」と記載があり、丹後局と同一人物とは必ずしも断定できない）。彼女が、夢の中で弟宮の方が松の枝を持っている姿を見たと言い出し

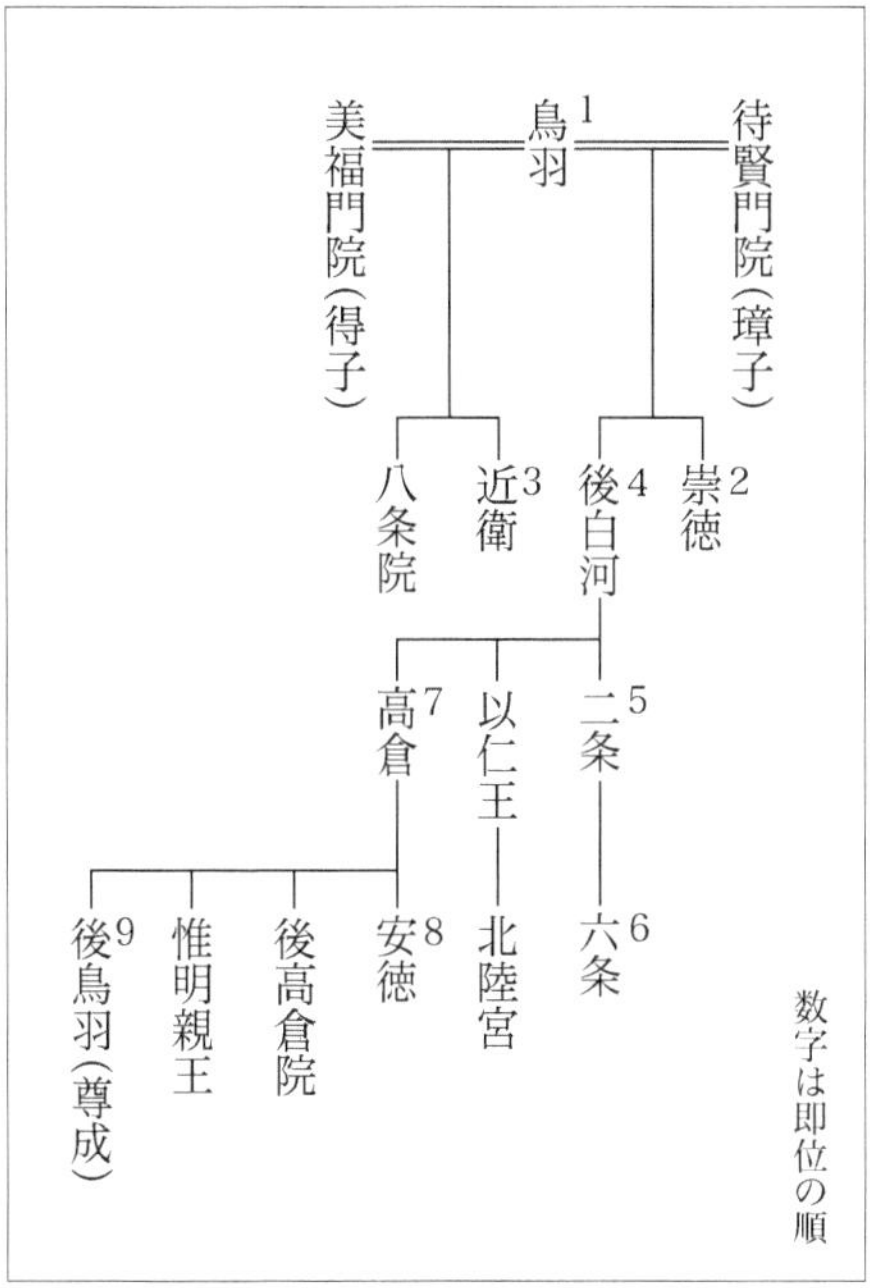

皇室系図

たのである。さらに都を制圧した木曽義仲は、自分が庇護している北陸宮（以仁王《もちひとおう》の王子）を、ぜひ天皇にと推挙していた。

ここで神祇官・陰陽寮に命じて行わせた公式の占卜が、寵姫の夢によってくつがえされるという事態がおこってくる。丹波局から奏を受けた院は、もう一度卜筮《ぼくぜい》を行って、四の宮が適当かどうか神意を問おうと考えた。義仲による北陸宮擁立等の事情もあって、前関白の松殿基房・現摂政の近衛基通・左大臣の大炊御門《おおいみかど》経宗《つねむね》・右大臣の兼実が院御所に呼ばれ、議定を行うことになった。

兼実は体調不良を理由に欠席しているが、これは占卜の結果をいじろうとする後白河院のやりかたへの抗議の意味もあったのだろう。同院に定見がないのは今に始まったことではないし、兼実が行かなければいないものとして扱われるだけなので、出席しないのはけっして賢いやりかたではないのだが。

出席した三人のあいだでは、北陸宮を否定する点では一致した。ただし義仲等の意を慮《おもんぱか》って再度御占《みうら》が行われることになった。結果は第一が四の宮、第二が三の宮、第三が北陸宮で、第一が最吉、第二は半吉、第三はまったく不吉ということであった。この結果は義仲のもとにも届けられたが、義仲は予想通りおおいに不満を表明した。このたび平氏を西走させた「大功」は、北陸宮のお力に帰すべきだと主張して、納得しなかったという。

兼実は二度の占卜の結果が異なるのは「はなはだ私事あるか」と述べ、「卜筮は再三せず」と批判している。今回の新天皇の件では、何度も占卜を行っているので、神もあきれて霊告を与えてくれないというわけである（『玉葉』寿永二年八月十八日条）。たしかに都合の良い卦《け》が出るまで占卜をやり直すのでは、なんのためにやっているのかわからない。だが、そこに「夢想の告」が持ち出されれば、占卜の結果を動かすこともできたのである。占卜も夢も、神意のあらわれであるとすれば、どちらも重んじられてしかるべきだからだろう。

この時に、夢みる主体が女性だったことにも注目しておこう。神祇官や陰陽寮など公式の役所が行った占卜を覆すためには、全く異なる私的な領域・周縁の世界に属する女性が声をあげるのがふさわしかったのだ。そしてそれは夢が神と人とのそれぞれの世界の境界から生まれることに対応しているにちがいない。

近衛基通と後白河院

新帝の選考について詳述するとともに、兼実は摂政近衛基通についての情報も記している。権力の掌握者が平氏から義仲に移っても、基通の地位は守られるという評判がもっぱらであった。なぜならば「法皇（後白河院）は摂政を艶し、その愛念によって抽賞」する

後白河院（『天子摂関御影』宮内庁三の丸尚蔵館所蔵）

からである（八月二日条）。院と基通との男色関係は平氏の都落ち前から始まっており、二人の仲をとりもったのは冷泉局という女房だった。

二人の関係の進展について、『玉葉』は妙にことこまかに語っている。七月の法華八講（法華経《ほけきょう》八巻を講説する法会）の際に後白河院が基通を見初め、二十日ごろに御本意を遂げられたのだという。

七月には三日から七日にかけて法勝寺《ほっしょうじ》で、八日から十二日まで最勝光院において法華八講が修されており、どちらにも後白河院の御幸があった。いずれかの機会に院は基通を見初め、手引きしてくれる者をさがしたのだろう。七月二十日前後といえば、都に向けて進軍してきた木曽義仲に対抗して、平氏が軍を整えて応戦に出ようとしていたころである。そんなことをやっている場合ではないはずだが、後白河院は意に介さない。

八月十四日にも、基通が院のもとに参上した折に「艶言御戯」があったというが、こちらは新天皇を誰にするかについて、諮問が行われた日である。義仲が北陸宮を候補として持ち出してきたために問題が複雑になり、廷臣らは慌ただしくしていたが、後白河はこれも気にしなかったらしい。兼実は「君臣合体の儀、これをもって至極とするか」と皮肉っている。彼は日記にあまりゴシップめいたことは書かないのだが、珍事なので子孫に伝えておこうと考えたようである。

二人の仲介役となった冷泉局は、親平氏派公卿だった藤原邦綱の愛人で、平盛子（近衛基実の室）に仕えた女房だった。平氏が都落ちに際して、後白河院を帯同しようと計画しているなどの情報を、院に伝えたりもしていたという（八月二日条）。公式に展開する政局の背後、政治家達の私生活の領域で活躍していた女性である。共同体周縁で活動する人物の類型のひとつといえるだろう。もともと平氏に近い立場だったのだが、平氏の形勢が不利になると、若い基通を利用して後白河院に接近し、都での生き残りを図ったと考えられる。

さまざまな思惑が交錯する最後に、九条家の夢のエピソードが語られている。十七歳の息子良通から、兼実に書状が送られてきた。昨夜の夢に春日大明神があらわれ、「不安に思っていることはあるだろうが、疑いの心を抱いてはならない」とおっしゃったので、夢の中で信じ畏れる気持ちが高まったという。

「不安に思っていること」（不審申すこと）とは、自分の今後の運勢のことをさすのだろうと兼実は書いている。そして「幼少の心底、このことを思う。もっとも可憐《かれん》可憐」と記す。若い息子が、自分のことを気遣ってくれているのが、心に沁《し》みたのである。父の落ち着かない様子や家内の不安な雰囲気に感じやすくなっていた良通の心の揺れが、夢の形をとったのかもしれない。

和漢の藤と松

翌寿永三年に、再び良通が夢を見る。この時は手紙ではなく、本人が兼実のもとにやって来て、直接話をした（『玉葉』三月十八日条）。

誰だかわからない人が言った。「昨夜見ておられた『古集』の意味をご存知ですか」このころの良通は、古い漢詩集をひもとき、「藤枝扣松関」（藤枝松関を叩《たた》く）という一句を抄出していた。この句についての質問だと思われる。良通が「よくわかりません」と答えると、見知らぬ人は句の解説を始めた。「藤枝は藤氏の第一の人のことです。藤氏の第一の人とは、右大臣兼実殿のことにほかなりません。おわかりでしたか」「それは知りませんでした」

また見知らぬ人が言うには「関を叩くとは、右大臣殿が世を鎮められることを意味しているのです」良通が「松は何の意味ですか」と尋ねると、「長く世を保たせ給《たま》うでしょうから松が出てくるのです」このように話しているうちに目が覚めた。

『春日権現験記絵』に描かれた松と藤（国立国会図書館所蔵）

兼実は「まことに信じ難いほどの『最吉夢』だ」と記している。今月末か来月初めには、自分が世を治める立場になることを示唆する夢だと解釈したのである。さらに「夏にこそさきかかりけれ藤の花松にとのみも思けるかな」という源重之作の古歌を引いて、春の末・夏の初めには願いが成就するだろうと、夢解きの根拠を補強している。

『玉葉』元暦元年記（寿永三年四月に元暦と改元）については高橋秀樹氏による詳細な読解『玉葉精読―元暦元年記―』がある。そのなかで高橋氏は「藤枝扣松関」の出典についても言及されている。唐代の詩人許渾《きょこん》の「重遊鬱林寺道玄上人院」のなかの「藤杖叩松関」に拠《よ》っているのだろうという。また藤の枝が松に絡む様子は『春日権現験記』にも描かれており、春日大明神の象徴としての松と、藤原氏をあらわす藤とが相互に寄り添って繁栄することを意味するものである（五味文彦『『春日験記絵』と中世』）。

同時に「松」は、永続性・恒常性を示しているとも思われるので、「藤」と「松」とを材料にして、兼実の藤原氏長者・摂政としての末長い繁栄を暗示しているのだとまとめることができるだろう。漢詩・和歌を素材として夢と夢解きが構成されている、文学的要素の強いケースといえる。

これに先立つ三月十二日条にも、兼実と妻とが二人そろって同じ吉夢をみたという記事がある。自分の心願に神仏が感応したのだろうかと兼実は述べている。さらに遡って二月十二日条にも吉夢の記事がある。

今暁最吉夢あり。宿業・魔界しかしながら消滅の祥なり。なお仏法の効験、末世といえどもこれ新たなり。信ずべし、貴ぶべし。夢中覚むるに及びて後、歓喜の思い休みがたきものなり。

かなり印象の強い夢だったらしい。兼実を阻むものや、兼実が肯定できないものすべてが消滅し、摂政への道が開けることを確信させてくれるような感覚を持つことができたのだろう。ただし目覚めてみると具体的な中身は記憶にないという類のものだった可能性もある。

二月から三月にかけて、吉夢の記事は多い。そのなかで三月十八日の夢が、和漢の古典に依拠する理屈っぽい内容になっているのは、摂政の地位への期待が次第にトーンダウンしていったことと関わっているのかもしれない。当主の機嫌がはかばかしくないのを心配した家族が、さまざまな夢の話を意識的に提供したとも考えられる。良通が、なにやら縁起の良さそうな夢をみたと知った母親が、「お父様はこのところお気が晴れないご様子だから、少し明るい話でもお聞かせしなさい」などと勧めて送りこんだのかもしれない。

日輪を抱く兼実

後白河院の寵愛のおかげで、摂政の地位が近衛基通から移動することはなかったが、兼実の存在感は次第に高まっていった。四月には平頼盛に仕える中原清業《きよなり》という史大夫《したいふ》（太政官の史の職にあって、位階が五位に達した者）が、前中納言源雅頼に「源頼朝が兼実を摂政・氏長者に推薦することは確実だ」と語ったという情報が入った（『玉葉』寿永三年四月一日・七日条）。源雅頼は、京下り官人として源頼朝に仕える中原親能《ちかよし》を、過去に家人として抱えており、親能は関東に下ってからも、上京の際には雅頼の屋敷を宿所とするなど、関係が保たれていた。そのような事情で、雅頼のもとには頼朝関係の情報がいちはやくもたらされた。兼実と親しい彼は、しばしば関東の情勢を知らせてくれていたのである。兼実は、鎌倉の頼朝から、信頼に足る人材とみなされるようになっていた。

頼朝の意向は都の人々にも知られるようになる。そして夢もまたそれに連動する。四月末、兼実の家司であった源季広が次のような夢をみた。兼実は束帯を着けて自分の屋敷の南の庭に立っている。そこへ日輪（太陽）が東から飛んできて、兼実は袖のなかにそれを受けとめたというのである。日輪は天下をつかさどる権力を意味し、それが関東の頼朝の意向によって、兼実の手に入る、すなわち頼朝の推薦によって摂政・氏長者となることを意味しているのだろう。

束帯という正装で天子のごとく南面して立つという、格式の高さを感じさせる設定であり、そこに太陽そのものが飛び込んできたという、たいそう壮大な話である。ほかにも女房の吉夢、藤原資博の「最吉夢」が報告されており、後者は大職冠、すなわち藤原氏の祖藤原鎌足《かまたり》の加護を示唆する内容であった（同、元暦元年四月二十八日条）。兼実の政治的重要性が徐々に増してきたことを、周囲の人々の夢は敏感に反映していたのである。

死相をみる

元暦元年の九月から十月にかけて兼実は健康がすぐれず、右大臣の職を辞退する手続きをとるほどであった。九月十二日には、仏厳上人を招いて病状をみてもらっている。治療をしてもらうわけではなく、仏厳房は「よく死相をみるによってなり」、要するに死相が出ているかどうか判定してもらおうというのである。

　中世の記録や説話には人相をみる話が出てくることが多い。死相の場合には、占いの一種と考えているのか、死に際に立ち会ったり葬送に携わったりする聖《ひじり》の経験を重視しているのか、どちらなのだろうか。ただ仏厳については「よく医術を得るの人」という記事もあるので（『玉葉』安元三年四月十二日条）、医学的な根拠も伴っていたのだろう。これも学問としての医学をおさめたのか、経験的に身につけた民間療法的なものだったのかはわからないが。

　幸いに仏厳房の見立ては「病気が重いことは間違いないが、怖《おそ》れなくても大丈夫」というものだった。また、宗厳阿闍梨は「寿延経の護」という秘蔵のおまもりを贈ってくれたという（同、四月十七日条）。当時は医学的な処置としては灸治《きゆうじ》を行う程度なので、占いや護符も治療に準じる重要な手段だったと思われる。

　さて病気快癒を祈ってさまざまな修法が行われたが、十月十五日にそのなかの一つが結願し、兼実は非常に効果があったと感じた。それだけでなく、またも妻が霊夢をみたという。詳細は記していないが、「ことのおもむき、ただこの所悩の一事にあらず、一切の怨敵を払い、大願を成就すべきの由なり」と、感激のおももちである。懸案だった多くの障害がとりはらわれ、将来が開ける予感をもたらす内容だったのだろう。それだけに詳細を日記に綴《つづ》ることは控えたのかもしれない。「珍重の事など、別紙につぶさなり」と書かれており、日記とは別に「夢記」に類する記録をつけていた可能性もある。

晩になって、兼実は弟の慈円を招いて夢の内容を語った。すると慈円は、自分と周囲の僧たちも吉夢をみたのだと言い出した。口にするのは控えていたのだが、兼実の話を聞けば、妻の霊夢がこちらにも影響した「感応の夢想」と考えられると言うのである。このように夢が夢を呼ぶ現象はしばしば見られるところだった。身近な人々の共感によるのか、あるいは身内を気遣う気持ちから出たものか、はたまた阿諛追従の類か、さまざまな動機から多くの夢が生まれ、また生まれたと称されることになったのである。

霊魂の評価

夢は既存の「夢語り共同体」の中で語られるだけでなく、疎遠な者どうしの隔てを払う役を果たすこともある。大外記《だいげき》の中原師尚《もろひさ》は、夢のこの効能を利用して、九条家との関係を修正した。

外記は朝廷の儀礼や政務の執行・先例の調査等を担当する役で、元暦元年に、その上席である大外記をつとめていたのは、清原頼業《よりなり》と中原師尚であった。不安定な政情を反映して異例な事態が続出するなか、兼実は不審なことがあれば、この二人に先例や参考資料を調査させ、判断を聴くことにしていた。八月二十七日には、はじめて師尚と御簾《みす》を隔てて対面し、彼の所持する書物を借用したいと頼んでいる。兼実は頼業のことは親しく召し使っていたが、師尚については距離をおいており、それまで直接話をしたことがなかったのである。

実は外記の家柄としては、師尚のほうが名門である。彼の父の中原師元《もろもと》は、兼実の祖父藤原忠実の談話を筆録して『中外抄』という書物を編集している。貴族社会の歴史的経緯について豊富な情報を伝えてくれる内容で、師元の摂関家との関係の深さ、彼の知識や才幹を十分に示すものとなっている。その息子である師尚は、外記としての正統性や情報の蓄積に十分な自信をもっていたにちがいない。一方の頼業は新興の家柄であり、自身の努力と才覚だけで道を開いていかねばならない立場だった。

だが師尚と会ってみた兼実の印象は、「才漢といい器量といい、頼業におよばざるか」というもので、頼業のほうを高く評価していたのである。九月一日には、師尚が借用を求められた書物を持参した。『随聞抄』『雑例抄』という二書目で、いずれも「秘蔵の書」であった。ところが『玉葉』元暦二年正月十三日条を見ると、このとき師尚が全部を持ってきたわけではなかったことがわかる。『雑例抄』は、彼の父師元がさまざまな先例を抄出したものだったが、元暦元年には「夢告」があったからという理由で、第三巻までしか兼実に差し出さなかったのである。

兼実は無理強いはしなかったが、「内心深く鬱念」し、「生涯の遺恨」と感じていた。自分は書物や過去の史料を重んじているつもりだし、借りた書物の内容をむやみに漏らしたりしない、貸してもらえれば必ず朝政に生かすことができるはずである。しかるに何もかも見通しているはずの霊魂が、兼実の披閲は許さないと夢によって示すのなら、自分としては恥じなければいけないし、霊の判断も恨めしい。この夢の話を聞いてから、「寤寐《ごび》忘れず」、つまり寝ても覚めても気になったというから、かなり根に持っていたのである。

兼実は「夢告」の主体は「霊魂」「霊」だと理解している。「霊魂」は「通力」によって人の心の奥底までを知ることができる。師尚の語ったのが真正の霊夢だったなら、それは兼実自身も気づいていないような、彼の書物に対する見識の不足を暴いていることになる。兼実は霊魂の信頼を得ることができなかったのである。残念とも悔しいとも恨めしいとも言い難いような心境だったのだろう。

ところが翌元暦二年正月十三日にやって来た師尚は次のように語った。

昨年の霊夢では、父師元の前に私が座り、二人の間に『雑例抄』が置いてありました。父の機嫌が非常に悪いと感じたところで目が覚めたので、父が、全部をお貸ししてはならないと告げていると判断したのです。去る九日に、また夢をみました。前と同じように、父と向かいあっていたのですが、そこへ九条家からの書状が届きました。それを拝見した父の表情がやわらぎ、ほとんど悦《よろこ》んでいるようでした。そこで、これ以上秘密にする必要はないと思い、第四巻をお持ちした次第です。

師尚は、いままで貸そうとしなかった『雑例抄』の最終巻を兼実に差し出したのである。兼実は「霊魂、愚臣の心操に感じ、たちまちあい見るを許すか」（霊魂もとうとう私の真摯な気持ちをわかってくれて、閲覧を許してくれたのか）と、たいへん感激した。

九条家と中原家

以上のような次第で、兼実はようやく『雑例抄』全巻を閲覧することができた。その背景には、師尚の九条家及び兼実に対する認識の変化があると考えられる。元暦元年時点での兼実は、政治家としての存在感は増しているものの、兄たちの家系である近衛家・松殿家の後塵《こうじん》を拝している感は否めなかった。兼実が清原頼業のほうを評価していたのは、新興の家柄どうしという点で、共感を覚えるところがあったためで、一方の師尚は、九条家を軽んじ、兼実と本気でつきあう気がなかったのではないだろうか。だからこそ父の書物を提供することにも消極的だったのである。

ところが元暦二年正月には情勢が大きく変化していた。平氏の劣勢はあきらかになっており、正月十日に源義経が都を出発して平氏追討の途についた。平氏滅亡の壇ノ浦合戦は三月に迫っている。今までとは質の違う変革がおこることを誰もが予感していた。ここで師尚は兼実に接近する方法として、虎の子の書物を差し出す決心をしたのだろう。『随聞抄』『雑例抄』ともに、父師元の編集になる、おそらく摂関家にも大きく関係する先例や知識を集成したものだったと思われる。摂関家の正統こそが伝えるにふさわしい内容と自負するからこそ、三男坊の家系に簡単に提供したくなかったのだろう。

もちろんはっきりと説明するわけにはいかないから、夢のお告げを理由にして全巻提供を断り、事情が変わったからとは言えないから、またも夢のお告げを口実に最終巻を持参したのである。夢は戦略的に利用されている。兼実が気にする、霊魂からの信頼の有無は、そのまま師尚が九条家に寄せる信頼の如何《いかん》だったといえるだろう。

外記の家系については、遠藤珠紀氏の研究がある（『中世朝廷の官司制度』）。外記局全体を統率する大外記を局務と呼ぶが、中原・清原両氏は十一世紀初めごろからこの役をつとめるようになっていた。だが清原氏の家系は前出の頼業の前代にあたる信俊のときにいったん途切れており、頼業は傍流から出て、実質的に清原氏を再興して局務の地位に就いたのだという。

彼は仁安元年（一一六六）から文治五年（一一八九）までの長きにわたって局務をつとめたが、家系に問題を抱えているため、先祖の実績に頼るわけにいかず、もっぱら自身の実力で地位を維持していたらしい。兼実は彼のことを「和漢の才を咄《はな》し、天下の動静を談ず。その才神というべし。貴ぶべし貴ぶべし」と称賛し（『玉葉』安元三年三月七日条）、重用した。頼業は、そのほかにも藤原頼長・藤原伊通《これみち》・信西《しんぜい》（藤原通憲《みちのり》）など歴代の知識人らの信頼を得ていた（同、元暦二年四月二十九日条）。

一方の中原氏を率いる師尚は、頼業より九歳年少で、さきに兼実が述べているとおり、才幹の点でもいささか見劣りがしたのだろう。鎌倉時代初期には、中原氏は『師遠《もろとお》年中行事』『師元年中行事』等の年中行事書・公事関係書物を編纂《へんさん》しており、代々継承してきた知識や先例を集成して家存続の力とすることを企図していた。師尚にとって、「故師元説」すなわち亡き父師元から伝えられた独自の情報は、まさに家の財産だったのである。これをいかに利用するかは、中原氏の盛衰に関わる重要課題だったといえよう。政治の混迷により複線化した摂関家の、どの門流と結びつくかは慎重に判断しなければならなかった。

時局に応じた対応を正当化するために、師尚は父による夢告を活用した。変節と非難されそうな行動であっても、夢を媒介にすればかなりの範囲まで許容された。兼実にしても、本当に夢告を信じているのか、師尚の変心をわかったうえで受け流しているのか、いかがだったのだろう。どちらにしても夢を媒介にすることで、彼らは人間関係を壊すことなく、新しい段階に進むことができたのである。

大地震と夢

平氏滅亡後も朝廷の体制は変わらず、摂政は近衛基通、兼実は右大臣のままであった。源氏と平氏が争った治承・寿永の内乱期には、自然災害が多く発生し、戦乱と相俟《あいま》って人々を苦しめた。『方丈記』が「ゆく河の流れは絶えずして、しかももとの水にあらず」と、世の変遷流転を描き、その儚《はかな》さと無常観を述べた時代である。混乱の最後を締めくくったのが元暦二年（一一八五）七月九日の大地震だった。多くの建物が倒壊し、山城・大和・近江の三ヵ国が甚大な被害を蒙《こうむ》った。歴史地震研究の成果によればマグニチュード七・四程度の規模と推定されている。

この地震をめぐっても多くの夢が語られた。弥勒菩薩《みろくぼさつ》の使者と称して院のもとに参じ、自らの夢想を語った老人が世間の話題になったりしたが（『吉記』七月十五日条）、兼実の周囲では、仏厳上人がもっぱら夢告の受け取り手となっていた。まずは七月二十七日に兼実を訪ねて「天下の政違乱によって、天神地祇祟《たた》りを成し、この地震あり」という夢想を得たと話した（『玉葉』七月二十七日条）。そして八月一日には、さらに詳細な夢語りがある（同、八月一日条）。

赤い衣を着た人が私の房を訪れ、こう話しました。「このたびの地震は、衆生の罪業が深いため天神地祇が瞋《いかり》を示されたものである。源平の乱によって死者は国に満ちたが、それは各々の罪障の報いを受けたのである。だが、やはりすべての責任は君主にある。それどころか君主の非法濫行・不徳無道は数え切れず、不当に流罪に処した者も多い。君主が慈仁をほどこされなければ、お前たちがいくら祈禱を行っても効験は得難く、天下は思うようにならないだろう」

そうしている間に、兼実様が丈尺の杖《つえ》を手にとって地上に降り立ち、京都の狼藉《ろうぜき》を糺《ただ》されたのです。九条から洛中《らくちゅう》に入り、そのまま一条まで進みながら、あるいは人家を壊し退け、あるいは路頭を掃き清めて、非違を糺し、たちまち正路を開いてしまわれました。

私が悦ばしく思っていると、赤い衣の人がまた語りました。「兼実様の御沙汰で世を糺されるなら、天下はあるべき姿にもどり、禍《わざわい》はおこらず、祈禱は効果をあらわすであろう」

仏厳はこの夢を後白河院に報告したが、院の非法濫行のために天下が治まらないこと・兼実こそが正しい道を開く者であることは、秘密にしておいた。なぜなら君臣に隔心ある状態では、「正夢」を申し上げても、天下の人々は信用せず、「偽夢」とそしるかもしれないからだということであった。

また、彼はその三日後にみた夢にも言及した。帝釈天《たいしゃくてん》の使者と名乗る者が出てきて「あなたがたの祈禱の効験で院の御寿命は延ばせるが、天下の禍乱を止めることはできない」と話したという。院に報告するにあたっては、前半だけにとどめ、後半の「天下の禍乱を止めることはできない」という部分は黙っていた。院の意向に添わないと考えたからである。

兼実は二つの夢を次のように解釈した。最初の夢で自分が天下を治めるべきであることが明らかにされたが、そのことは院に報告されず、実現しそうにない。そこで二つめの夢で、このままでは世の禍乱は止まないと警告が発せられたのだ。しかる後に、「私は愚かではあっても、国家を思う志は誰よりも高く、その心は天にも通じている。だからこそこの霊告を得た。だが運に恵まれず、実現に至らないのは実に悲しい」と慨嘆したのである。

正夢と偽夢

仏厳上人の夢に対する態度は、興味深い要素を含んでいる。まず、兼実に夢を報告するだけでなく、後白河院にも奏聞し、しかも内容に取捨を加えた点である。「赤衣を着する人」の話の中で、「帰するところは、なお君にあり」と、災害や乱世について君主の責任を問い、さかんに行われている祈禱が無益だとする部分は、あえて伏せられた。院と兼実との関係が「君臣ともに隔心あり」という相互に理解がいきとどいていない状態では、無用な誤解を招くと判断したからである。

ここで仏厳は「正夢」と「偽夢」という言葉を用いている。「正夢」は国語辞典で引けば、「まさゆめ。現実のできごとと一致する内容の夢」すなわち予知夢的な内容のものとなる。

だが「偽夢」と対照されていることから、仏厳の言う「正夢」とは、脚色していない、見たとおりの夢を意味するのだろう。夢語りをしながら、一方で「偽夢詐言」と疑われる可能性を見越しているのである。そもそも夢の真偽や根拠等を考えることじたいがナンセンスだが、夢の内容に虚偽や脚色が入る余地のあること、またそのような疑惑が生じ得ることに、中世の人々が無自覚だったわけではないのである。だからこそ夢は、互いをよく知り、信頼関係が成り立っている「夢語り共同体」のなかで語られなければならなかった。

もちろん中原師元の例のように、夢語り共同体外部からの接触もあるし、共同体内部でも完全な「正夢」ばかりが語られていたわけではなかろう。霊魂の告知、異なる次元からのメッセージとして夢を畏怖する一方で、人為的な操作が加わっている可能性も人々は十分に意識していたのである。共同体の内外いずれから持ち込まれるにせよ、語られる夢が共同体全体の目標や希望に形を与え、膨らませることができるか否かが問題だった。

そして真偽を問わず、心に抱く希求に沿った夢語りを迎え入れることを通じて、人々は精神の平安を得たといえよう。中原師尚による父師元の夢を騙《かた》りとして退けることはたやすいが、兼実はその内容を受けとめ、自身の真摯さや人間性をはかる鏡とした。大地震に関わる夢は、未曾有の災害に遭ってなんらかの説明や解釈を求める人々の要請に応えたのである。夢語りとは、語る者と聞く者との共同作業だったといって良いだろう。

頼朝追討と夢

兼実は依然として右大臣の座にあって文治元年（一一八五、八月に元暦二年から改元）の秋を迎えたが、事態はようやく動き出していた。鎌倉の頼朝と都の義経との不和が決定的となり、義経が兄頼朝の追討を命じる宣旨《せんじ》の発布を願ったのである。高階泰経《やすつね》を通じて諮問があり、兼実は頼朝には罪科なしとして反対した。だが後白河院としては、身近にいて武力を持っている義経が怖い。義経は九州方面への脱出を考えているようだが、いまの様子では、院や天皇・おもだった貴族たちを拉致していく勢いだというのである。都落ちする武士に同行を強要されるというのは、平家の西走以来、院の強迫観念となっていたらしい。同じ理由で、彼はこれまでに平氏・木曽義仲に対しても頼朝追討を命じている。

後白河院や近臣らにしてみれば、以前の二回の追討命令も本心から出たものではなかったし、頼朝も特に恨んでいる様子ではない。今回も見過ごしてくれるだろうと甘く考えていた。反対する兼実に対して、泰経は「このところ頼朝に重んじられているようだから、それに報いようとしているのではないか。必要以上に頼朝の意を迎えていると、院の疑いを招きますぞ」と、脅しをかける始末だった。彼らは目先の危機に対応するだけで、公正や信義の概念にはまるで鈍感であった（『玉葉』文治元年十月十七日条）。

貴賤《きせん》を問わず、人々が逃げ隠れるなか、義経は狼藉を働くことなく都を去ったが（同、十一月三日条）、乗船が大物浦《だいもつのうら》で難破し、その劣勢はあきらかとなった。後白河院は、今度は頼朝に対して義経を召し取るべしとの院宣を発し、その機嫌をうかがわねばならない立場におちいったのである。そしてこの状況では兼実を摂政に任じるほかないと考えるにいたった。

形勢は今度こそ兼実に有利となり、人々はこぞって夢をみる。十二月二日に興福寺僧の覚乗法眼とその弟子たちが、兼実にとって「最上の吉夢」をみたと報告が入る。兼実はこの夢を別紙に書きとめ、「神徳をこうむるの条炳焉《へいえん》（あきらか）、あおぎて信ずるべし」と高揚して述べた。六日には「いささか乞夢のことあり」と見える。吉夢を得られるよう祈ったのである。そのかいあって翌日には妻と良通、側室の女房三位とがそろって吉夢をみた。「霊験掲焉《けちえん》（あきらか）」と、またも兼実は意気軒高である。

十一日からは三日間にわたって氏神の春日大社に幣帛《へいはく》を捧《ささ》げた。さらに夢告に応じて金の小さな市女《いちめ》笠《がさ》を奉納した。兼実はこの笠に祈願を記し、また幣帛の串に、水で同じ内容を書いたという。以上は亡くなった皇嘉門院から、祈願成就に有効として教えられた方法だった。のちに兼実の孫の道家が、『玉葉』のこの記事を読んで全く同じ手順を試みている。九条家伝統の願かけの作法となったようである（『玉葉《ぎよくずい》』承元五年三月三日条）。

春日社への祈請《きしよう》の結願日である十三日の晩（十四日の明け方）、兼実自身が吉夢をみた。さらに十四日には「ある女房」が夢を報告してきた。現摂政である近衛基通が春日大社に神馬《しんめ》を献じたが、追い返されてしまったというものである。去る治承三年に松殿基房が、平清盛のクーデターによって解官・流罪となった際にも、同じ夢をみた者がいたという。氏神の春日社から拒否されるのだから、基通にとってはたいへん不吉な意味を持つ。兼実派の、いわばネガティブ・キャンペーンである。

関東からは、頼朝が追討宣旨を下された件について、たいへん不満に思っているという情報が流れてきた。後白河院は慌てて使者を送って陳謝し、もはや「天下のことをしろしめすべからず」（もう政治からは手をひく）と泣き言を言い出した（『玉葉』文治元年十二月十七日条）。

ついに摂政・氏長者に

ここまで追いこまれても、朝廷は自らの判断で人事を刷新することができなかった。年も押しつまった十二月二十七日、頼朝は朝廷に書状を送り、「議奏公卿《ぎそうくぎよう》」以下の朝務を担当すべき者、解官すべき者を指名した。議奏公卿の筆頭には兼実が挙げられ、内覧《ないらん》として実質的に政治を動かすよう推薦されたのである。

頼朝は、近衛基通の摂政・氏長者まで否定することはしなかったが、院と基通の劣勢はあきらかだった。院はあいかわらず「今においては朕天下のこと口入に及ばず」とくりかえし、「摂政と汝《なんじ》と示し合せ、万事を執行すべし」（摂政基通と相談して政治を行ってくれ）と虫のいいことを言っていた（同、文治二年二月二十日・二十六日条）。だが頼朝の信任を得た兼実と、摂政の基通とが並立することは、政務を運営するうえでは不都合が大きく、多くの遅滞が生じた。頼朝からの圧力も強まり、ついに文治二年三月十二日、兼実に摂政・氏長者が宣下されたのである。

その前日、後白河院から使者が送られ、両職就任についての内示が行われたが、兼実はそれを黙って受けるのではなく、公正な政治を行うよう、院に対して進言した。必要とあらば、わが身の不省を顧みず院を諫《いさ》めるつもりであると述べ、それを了解してくれなければ宣下を受けることはできないと啖呵《たんか》を切ったのである。実に要領の悪い男である。この期に及んで兼実に断られてはたまらないから、院からは珍しく殊勝な返事がもたらされた。「天下の大事についての政務を投げ出すつもりはない。乱世を鎮めるのは非常に大切である。頼朝の申すむねには、不当なことも混じっているが、理にかなった意見ならばどうして了承しないということがあろうか」。兼実は感激し、「仏神の冥助、紅涙眼に満つ」と記した。

兼実とその周囲の人々、また貴族社会における九条家の地位は、安定、あるいは均衡の状態に達したといえる。もはや夢によって補塡《ほてん》される必要はなかった。この後の『玉葉』は政務運営に関する記事が主となっていく。ただし、後白河院の反省は（予想されたことながら）その場しのぎにすぎず、兼実は院の放恣をもてあまし、扱いかねつつ、政治の舵《かじ》をとっていかねばならなかったのである。

第三章　勧進の時代

罪にはよも候はじ

白河上皇（一〇五三―一一二九）に始まる院政の時代は、造寺造仏の時代でもあった。院は諸国を支配する受領《ずりよう》たちの人事を一手に握り、近臣らをその地位に配した。彼らは院の歓心を買うために、管国の富を吸い上げ、せっせと都に送った。院の要請に応じて、あるいは院の希望を先取りして寺院や御所の造営に貢献すれば、再び受領に任じられる「重任《ちようにん》」にあずかることができる。都は繁栄を謳歌《おうか》し、院は造寺造仏のほか、寺社への参詣、大規模な法会等に、あふれる富を蕩尽《とうじん》した。

白河院の発願《ほつがん》によって創建されたのが法勝寺《ほつしようじ》である。高さ八十メートルといわれる八角九重塔がそびえたつ広壮な伽藍《がらん》は、院の強大な権力の象徴だったといえる。鎌倉時代初期に編まれた説話集『続古事談《ぞくこじだん》』には、同寺について、次のような話が載せられている。

白河院、法勝寺つくらせ給《たまい》て、禅林寺の永観《ようかん》律師に「いかほどの功徳なるらん」と御尋《おたずね》ありければ、とばかり物も申さで、「罪にはよも候はじ」とぞ申されたりける。

（白河院は法勝寺を造営なさって、禅林寺の永観律師に「どれほどのすばらしい功徳になるだろうか」とお尋ねになった。永観律師は一瞬言葉につまったが、「少なくとも罪にはなら

ないでしょう」と、お答えになったということである）

白河院としては、大寺院を創建してたいへんな善根を積んだと自慢するつもりだったのだろうが、永観の返事は否定的だった。白河院が「功徳」と考えるものの背後に、搾取される地方・酷使される民衆等の多くの問題をみていたからだろう。信仰をよそおいながら、実は人々から奪い、苦しめているという矛盾を、永観は指摘したかったのである（さすがに白河院が相手では、はっきり否定するにはいたらず、いささかの遠慮があったようだが）。

永観肖像（禅林寺所蔵）

永観と念仏信仰

永観（一〇三三―一一一一）は、京都禅林寺の七世住持で、同寺の中興の祖とされる。『拾遺往生伝』に収録された伝記にそって、その足跡を追ってみよう。

彼は文章博士《もんじょうはかせ》源国経《くにつね》の子として生

春の禅林寺（禅林寺提供）

まれ、石清水八幡宮《いわしみずはちまんぐう》の別当法印元命の養子となり、十一歳で禅林寺の深観《じんかん》に師事した。深観は花山天皇の皇子で、東大寺別当・東寺長者をつとめた人物である。永観の器量を見抜いて、とくに目をかけて導いたという。

　禅林寺入室の翌年、永観は東大寺で具足戒を受け、三論教学を学ぶことになった。貞観《じょうがん》十七年（八七五）、東大寺に東南院を開き、三論宗の興隆をはかった聖宝《しょうぼう》以来、同寺は南都三論宗の中心として、その伝統を伝えていた。聖宝の法系の正嫡に位置し、東大寺別当をつとめた有慶《ゆうきょう》を師とした永観は、修行と学問に励み、順調にキャリアを積んでいった。

　天喜《てんぎ》五年（一〇五七）には宇治平等院の番論議《ばんろんぎ》に参加し、よどみない弁説を披露して満座を帰服させており、貴族社会においても声望を獲得していったと思われる。

　一方で彼は永承五年（一〇五〇）、十八歳の頃から、修行の合間を縫って毎日一万遍の念仏を唱えるようになり、浄土教への傾倒を深めていった。そもそも三論宗の伝統の中には浄土教の水脈があり、その意味では永観と浄土教との結びつきは唐突というわけではない。だが彼は、おそらくは浄土教者としての立場から、次第に貴族社会との連携に対する疑問を深め、遂《つい》に光明山寺《こうみょうせんじ》に蟄居《ちっきょ》してしまった。

光明山寺は、現在の京都府木津川市に開かれた山岳寺院である。東大寺の別所として、世俗との交流から離れた隠棲の地と位置づけられていた（寺院は江戸時代に廃絶し、現在は光明仙《こうみょうせん》と呼ばれる山あいの水田地帯となっている）。ただし永観は光明山寺での生活にも飽き足りなかったらしく、延久四年（一〇七二）、四十歳の時に再び禅林寺に帰り、寺地の一角に東南院と称する堂を建てて住坊とした。

来迎・往生・救済

永観が禅林寺に帰ってきたのは、僧としての栄誉を得るためではなく、浄土教をひろめ、人々を救おうという意図があったからと考えられる。彼は十斎日《じっさいにち》（一ヵ月のうち諸仏が天下を巡察するとされる十日間）ごとに、極楽往生を願う法会である往生講を営み、浄土への道筋を示した。

晩年の記録になるが、『中右記』天仁《てんにん》元年（一一〇八）九月四日条に「今日前律師永観東山において迎講《むかえこう》を行う。都の人皆もって行き向いて結縁《けちえん》す」と見えており、彼の催す法会が都の人々を惹《ひ》きつけ、信仰に導いたことがわかる。「都人」には、貴族から庶民にいたる、さまざまな階層の人々が含まれていただろう。

迎講は、臨終の際に阿弥陀如来《あみだにょらい》をはじめとする仏たちが、極楽から迎えに来てくれるという来迎《らいごう》の様子を演じる法会である。演劇的で芸能の要素が強く、集まった人々は極楽往生の法悦を実感し、念仏信仰への確信を深めたにちがいない。永観は著述にも熱心で、『阿弥陀経要記』『往生拾因』などを著した。これらの著作は、ひろく受け入れられ「念仏の輩《ともがら》、皆もって競い写す」といわれている。

彼の活動は布教の域を超え、慈悲心の実践に向かっていった。困窮している者には惜しみなく援助し、病人を見れば、必ず治療をほどこした。さらに承徳《じようとく》元年（一〇九七）、丈六の阿弥陀仏像を造って薬王寺という寺院に安置した。永観はここを祇園精舎《ぎおんしようじや》の無常院に擬して、病人や死期の迫った者を迎え入れた。温室（蒸し風呂式の入浴施設）を設け、食事を与えて、看病したという。また、禅林寺に梅の木があり、毎年実がなると薬王寺の病人達に与えたことから、近隣の人々はこれを「悲田梅《ひでんばい》」と呼んだと伝えられている。

悲田院《ひでんいん》は、困窮者・孤児・病人等を収容・保護する施設のことで、養老七年（七二三）に大和興福寺（山階寺）内に設けられたのが初例である。天平《てんぴよう》二年（七三〇）に聖武《しようむ》天皇の妃《きさき》である光明皇后が開いた悲田院は、彼女の深い慈悲心をあらわすものとして有名だろう。これらの例を踏まえて、永観の救済活動の場である薬王寺も「悲田院」とみなされていたのである。

永観の出挙

永観の念仏信仰は、念仏や往生へと人々を導くだけでなく、弱者の救済というすぐれて実践的な活動におよんでいた。抽象的な思考・観想と異なり、社会事業には経済的な裏付けが不可欠である。この点については、説話の形でさまざまな逸話が伝えられている。

まず『古事談』巻三をみてみよう。それによれば、永観は白河院の創建に成る法勝寺の供僧《ぐそう》に補せられた（白河院が永観に帰依《きえ》していたことは事実だろうが、法勝寺供僧の件は、史料上で確認することができない）。彼は、同寺に納められた供米《ぐまい》の一部を、斎料《ときりょう》（食費）として与えられたが、そのうちに給付された米を出挙《すいこ》に出すようになった。

出挙とは、農民が稲作を開始する段階で種籾《たねもみ》を貸し出し、収穫時に利息をつけて返済させる仕組みである。水利の整備や労働力の配分などと並んで、領主が支配下の農地における再生産を保証し、農民の生活を支える「勧農《かんのう》」と呼ばれる行為の一環と位置付けられる。一方で領主による強制貸付、農民が負担しなければならない賦課の一部でもあった。要するに農業生産と結びついた金融業なのだが、永観はそれをどのように行ったのだろうか。

さて、永観は農民に米を貸し出したが、請文《うけぶみ》（借用証）をとらず、特に約束らしいこともしなかった。ただ「秋の収穫期になったら、それぞれ米を持ってきて返しておくれ」と言うだけで、農民らも「お約束します」と答えて、それぞれの農地に帰って行ったのである。秋になって「いまかいまか」と返済を待っていたが、誰もやって来ない。配下の僧たちは「使者を送って返済について尋ねたらいかがですか」と、催促するよう勧めたが、永観は「もはや返済の期限は過ぎてしまった」と述べて、それっきりになった。

出挙を始める際に、「利息がついて増えていくから（これ以上供米の支給を受ける必要はない）」と考えて、供僧の地位も返上してしまったのだが、返済がなければ生活費に困ることになる。白河院は「軽率なことだなあ」と不審がられていらっしゃったが、事情を詳しく説明する者がいたので、気の毒に思って、再び供米を与えることにしたという。農民を信用して、契約もせずに米を貸したら、何も戻ってこなかったというわけである。

この件について『発心集』巻二「禅林寺永観律師のこと」は、別の話を伝えている。東山禅林寺に籠居した永観は、「人に物を貸してなむ日を送」っていたのだが、貸す時も、返済を受ける時も「ただ来る人の心にまかせて」行った。人々は「仏さまのものをお借りしたのだから、不正なことはできない」と考えて、滞りなく返済した。あまりに貧しくて返すことができない者に対しては、自分のところに呼び寄せ、金額に応じて念仏を唱えさせることで購《あがな》わせたという。

山奥の隠棲《いんせい》生活から復帰した永観は、寺の資産である米や財物の貸付を行っていたらしい。返済が円滑に行われたか否かは、『古事談』と『発心集』で全く逆の結果になっているのだが、貸す際のやり方は同じである。利息について決めることもせず、借用書もとらないとは、よく言えばおおらか、悪く言えば杜撰《ずさん》きわまりない。永観自身は、性善説を踏まえ、仏の威光を疑わず、「米がとれれば返してくれるだろう」と、きわめて楽観的であった。なにしろ「多くなしてとらむずれば」（利息がついて増えて返ってくるのだから）と、寺からの支給も返上してしまったのだ。

永観にとって財貨を貸し付けるのは、困っている者を救うためにほかならず、利息を取るのは二の次だったのだろう。ただし、自分が善意でやっているから、相手も同様と考えて疑わなかったのである。

実際のところ、債務者の対応は、おそらくとりどりで、借りっぱなしで返さない者もいれば、「仏さまのものをお借りしたのだから」と律儀に返す者もおり、豊作であれば必要以上に多くの財貨が献ぜられることもあっただろう。仏さまのものを融通するのだから、貸すほうも借りるほうも仏のような心もちでいるべきなのである。誠意はあるのに、返すことができない場合は、念仏で代えればいいというわけだ。

財貨・福・徳

永観が傾倒し、ひろめた浄土思想は、念仏を唱え、善行を施して、極楽往生を念じる――いわば往生に備えて功徳の積立貯金をするものである。中世社会では、裕福な者を「有徳《うとく》人《にん》」と呼ぶが、これは得が徳に通じることをあらわす。また「福」は幸い・幸運を意味するとともに、神仏にささげた供物をおろしたもの、すなわち神仏からの賜り物も「福」と称する。永観が供僧の斎料を人々に貸し付けたのは、仏物の「お福分け」だったと考えることができるだろう。

仏のもとに献ぜられた財貨＝福を分け与えることを通じて、慈悲や寛容の心を示して徳を積む。借りたほうも、仏の福を借り、それを増やして再び仏に献じることで、徳を積むのである。両者にとって、仏の福に連なることを通じて信仰を形にし、仏との縁を結ぶ「結縁」の行為にほかならなかったといえよう。このような連環のなかで、財貨・福・徳は念仏によっても代替可能となり、世俗の財貨と宗教上の功徳や善根との垣根は取り払われる。両者を通算して極楽銀行に積み立てることができるのである。

どれほど真摯な宗教者であっても霞《かすみ》を食って生きられるわけではない。寺にも僧侶にも経済的な裏づけは不可欠であり、そうである以上、世俗と断絶した信仰世界というモデルは虚構でしかない。永観が光明山寺を出て、信仰の実践の道に入るには、以上のような背景があったのではないだろうか。仏の慈悲と世俗の救済を結ぶ方法を模索したことが、出挙の逸話の形で後世に伝わったのである。相手の「心のまま」にまかせて貸し付けた結果、返済してもらえなかった・円滑な返済が得られたという全く逆の内容が伝えられるのも、実際にまちまちの対応が生まれたことを反映していると思われる。まさに彼の実践のリアリティを示しているといえるだろう。

　ここで、本章の最初に掲げた「罪にはよも候はじ」という永観の言葉にもどってみよう。白河院の問いかけ「いかほどの功徳なるらん」にみえる「功徳」もまた、彼のもとに集中した富と権力＝得が徳に変換されたものだったといえる。白河院は厖大《ぼうだい》な「得」の使途を信仰の表明に定めたこと、すなわち「徳」としたことが得意であった。院政をひらいた白河院は絶対的な王者であり、いわば天真爛漫《てんしんらんまん》に「徳」を積もうとしたのである。だが同じく天真爛漫に、「ただ来る人の心にまかせて」貸付を行い、手ひどい失敗も経験していた永観は、白河院の功徳の負の側面から目を背けることができなかったのだろう。「徳」を「俗」につなげようとするとき、「心にまかせ」るだけでは足りない。なんらかの技能や戦略が求められる。

東大寺別当としての永観

「多年籠居」し、「念仏をもって業とし」ていた永観は、康和二年（一一〇〇）、六十八歳の時に東大寺別当に任じられた。再三辞退したものの朝廷の決定は覆らず、その任にあたることになったのである（『拾遺往生伝』）。前任者の経範《けいはん》は、荒廃していた東大寺南院（真言院。弘法大師《こうぼうだいし》空海が東大寺の別当となった際に建立し、灌頂《かんじょう》道場を置いた）の復興を約して別当に就任した。だが彼は寺内を束ねることができず、衆徒らが徒党を組んで停任を訴える事態を招いて、退任に追い込まれた。「経範の不治によって寺家破壊」(『東大寺別当次第』)という事態を収拾するために選任されたのが永観だったのである。

彼は見事な手腕を発揮して、七重塔・食堂・登廊等を次々と修造した。また廻廊《かいろう》や楽門を修理し、幡《ばん》や舞装束を施入する等、伽藍《がらん》整備・仏堂の荘厳《しょうごん》に力を注いだ。その鮮やかさは、前任者の「不治の経範」に対して「能治の永観」と称《たた》えられたのである(長治元年八月二日　紀伊《きい》国崇敬寺別当頼慶請文『筒井寛聖氏所蔵東大寺文書』)。同時に、各地に荘園が囲い込まれて寺院の独自財源が設定されるという、中世的荘園成立の流れにも、彼は積極的に対応した。荘園整理令に基づき、荘園を収公しようとする国司に抵抗し、寺領確保とその安定化に努めたのである。『東大寺別当次第』には、永観の業績として「茜部《あかなべ》・猪名《いな》両荘を永く学生供《がくしょうぐ》に施入」したことが記される。

美濃国茜部荘・摂津国猪名荘はどちらも中世を通じて東大寺の主要な財源となった重要な荘園である。さらに永観は紀伊国木本《きのもと》荘についても、これを私物化しようとする在地領主の侵攻を廃して、寺家による支配を確立し、東大寺鎮守八幡宮の供料に寄進した。彼は寺物・仏物である寺領荘園が私物化され「人領・私領」となることを否定し、これらを学生や衆僧らの管理下におこうと考えたのである(五味文彦「永観と『中世』」)。

算をおく人

上記の『別当次第』や『東大寺文書』から読み取れる永観の東大寺領荘園に対する扱いを、説話のスタイルで記せば次のようになる（『発心集』）。

その時年来の弟子、使われし人など、我も我もと争いて、東大寺の庄園を望にけれども、一所も人のかえりみにもせずして、皆寺の修理の用途に寄せられたりける。

別当に就任して、急に羽振りの良くなった主人の姿を見て、弟子や仕人《つかえびと》等は競って荘園の利権を得ようとした。永観はそれらの要請を退け、すべての荘園を寺内修理の財源に充てることにしたのである。一方で、彼自身の生活は非常に質素だった。東大寺に出かけるときは、みすぼらしい馬に乗り、滞在中に必要なだけの食糧を持参して、「寺物を露ばかりも自用のことな」いように心がけていたという。知らない者には「乞丐人《こつがいにん》」（ものもらい・乞食）のように見える姿だったらしい（『古事談』）。

さらにこのような逸話も見えている。

ある時、永観の堂を訪れた客が、彼が算木（計算に使う、竹や木で作られた小さな棒）をたくさんひろげて、一心に計算しているのを見つけた。「この僧は出挙の貸し付けをして、商売をしているそうだから、利息がどのくらい増えたか勘定しているのだろう」と思っていると、ようやく計算を終えた永観が、算木を片付けて客と対面した。「何を計算しておられたのですか」と尋ねたところ、「長年唱え続けた念仏の数がわからなくなってしまったので、数えていたのです」という答えだった。客は、たいそう尊いことだと感じ、後に語り伝えたのである。

なにかにつけて出挙の話題がついて回るのだが、寺内の修理を遂げるにあたっては、資金の手配と効率的な配分が、なんといっても重要だっただろう。それを支えたのが、ここに見える計算の技能だったと思われる。のちに後白河天皇のもとで大内裏《だいだいり》を復興した藤原信西《しんぜい》（一一〇六―五九）が、「ハタハタト折ヲ得テ、メデタクメデタクサタシテ、諸国七道少シノワヅラヒモナク、サハサハトタダ二年ガ程ニツクリ出シテケリ。ソノ間手ヅカラ終夜算ヲオキケル。後夜方ニハ算ノ音ナリケル、コエスミテタウトカリケル、ナド人沙汰シケリ。サテヒシト功程ヲカンガヘテ、諸国ニスクナスクナトアテテ、誠ニメデタクナリニケリ」と語られた（『愚管抄』）ことが連想される。莫大《ばくだい》な予算が必要なはずの大内裏造営にあたり、信西は必要経費を算定し、諸国の実情に応じた賦課を行って、負担感を少なく抑え、わずか二年で完成に導いた。その鮮やかな進捗《しんちょく》を支えたのは、彼がたゆみなく続けていた算木を用いての計算だったというのである。

永観にとって、寺家修理の予算を勘案することと、念仏の回数を数えることとは、隔てなく連続する営みだったにちがいない。寺内に堂舎を建てるのも、仏に念仏をささげるのも、いずれも浄土に貯金することにほかならないのだから。

東大寺大勧進

永観が修造・維持につとめた東大寺は、院権力が揺らぎ、全国的な内乱の時代に突入すると大きな打撃を蒙《こうむ》る。以仁王の呼びかけに全国の源氏が立ちあがり、平氏政権打倒の気運が盛り上がるなかで、平清盛は、反抗姿勢をとる興福寺大衆らを攻撃した。治承四年（一一八〇）十二月に、息子の重衡《しげひら》を総大将として討伐軍を差し向けたのである。平氏軍の放った火は奈良主要部を覆う大火災となり、興福寺・東大寺など有力寺院が焼け落ち、多くの焼死者を出した。特に東大寺の被害は大きく、大仏殿をはじめとする主要な建物全てを失った。

後白河院は東大寺再建のために、造東大寺長官藤原行隆《ゆきたか》を奉行として、勧進上人《かんじんしょうにん》を任命することを定めた。はじめ法然《ほうねん》房源空をその任にあてようとしたが、彼は「山門の交衆をとどめ、公請《くじょう》を辞し申すことは、静かに修行して順次に生死を離れんがためなり。もし大勧進の職におらば忩劇《そうげき》ひまなくして行業すたれぬべし」（比叡山での交流を絶ち、朝廷の法会等への参加を辞退することにしたのは、修行に専念して生死の執着を離れるためである。大勧進の職に就けば、激務のために修行を続けることができないだろう）と謝絶した。交渉にあたった行隆は法然の決意が固いのを知って、代わりの人材を推薦するよう求めた。そこで法然が呼び寄せたのが俊乗房重源《ちょうげん》（一一二一―一二〇六）であった。事情を話したところ、重源はただちに了承したという。すでに六十一歳、当時としてはすでに老齢といってよい年齢である（『法然上人伝記』）。

天狗にさらわれる

大勧進就任以前の重源の事積は必ずしもあきらかでないが、紀季重《きのすえしげ》の息子として生まれ、醍醐《だいご》寺《じ》や高野山で修行したという。『法然上人伝絵詞《えことば》』では、法然が「醍醐におはしける」重源を呼び出したとされ、『醍醐寺新要録』では「当山（醍醐寺）出生の重源無くんば、いかでか彼寺（東大寺）建久の造営あらむや」と述べられており、特に醍醐寺との関係が深いと考えられていたようである。醍醐寺との関係とは、すなわち山林での修行を示している。鎌倉時代中期の説話集『古今著聞集』は「東大寺の春舜（乗）坊、上醍醐にて天狗《てんぐ》に浚《さら》わるる事」という話を載せる（巻十七）。

東大寺の聖人春舜坊は、もとは上醍醐の人であった。上醍醐で法華経《ほけきよう》を書写していたところ、柿色の衣を着た怖ろしい様子の法師がどこからともなくあらわれて、上人をかき抱いて空を飛んでいった。（空の上から）全世界が目の前に、くまなく見えたという。しばらくして、どこともわからぬ山中で下ろされた。びっくりしていると、同じような法師がたくさんいて、互いにいろいろと話をしている。その中の地位の高いらしい僧が上人を見て、「どうしてこのお方をこのようなところにお連れしたのか。とんでもないことだ。早くもとのところにお送り申し上げよ」とたいそう驚いた様子で言った。そこで、さきほどの法師が再び上人をかき抱いたと思ったら、上醍醐のもとの坊にもどっていた。これは天狗のしわざである。

重源坐像（防府市・阿弥陀寺所蔵）

天狗は、深山のさらに奥にひろがる異界を象徴する。重源が自らの善根を書き上げた『南無阿弥陀仏作善集』には、醍醐寺だけでなく、各地の霊山を巡礼したことが記されていた。彼の山林修行が本格的なものだったことが、天狗との接触として語られているのである。同時に、『南無阿弥陀仏作善集』は、彼が如法経《にょほうきょう》書写や千部法華経読誦《どくじゅ》を行ったことをも伝えている。天狗に凌われた際に、彼は法華経の書写をしていた。このような法華経との関係は、彼の法華経持経者《じきょうしゃ》（法華経の読誦を専らとする行者）としての一面をあらわしていると考えられる。

周防国の経営

東大寺大勧進に就任した重源は、養和元年（一一八一）から活動を開始した。まず洛中の諸家をまわって再建の資金とする喜捨を集めた。「法皇より始めたてまつり、貴賤《きせん》を論ぜず」各所を訪問して、女院からは銅十斤の奉加を得、そのほか銭一千貫、金六両を集めたという（『玉葉』十月九日条）。大勧進としての彼の方針は、あらゆる階層の人々に資金や労力の提供を求め、再建に参加させることを通じて、仏に結縁させせるというものであった。

また文治二年（一一八六）には、造営料所（造営の財源に充てる所領）として周防国《すおう》（現在の山口県）の国務（経営権）を与えられた。同国は、特に大仏殿再建のための用材の供給地として期待されていた。しかし、重源が東大寺再建の中心メンバー――宋人陳和卿《ちんなけい》や番匠（大工）物部為里《もののべためさと》等――を率いて、はじめて周防国に赴き、杣山《そまやま》に入ろうとしたところ、実は国内の状況はそれどころではなかった。全国を巻き込んだ源平の合戦―治承・寿永の内乱―のために同国は荒れはてていたのである。困窮のあまり、夫は妻を売り、妻は子を売り、土地を捨てて逃亡する者、死亡する者多く、僅《わず》かに残った百姓もかろうじて命をつないでいるにすぎなかった。重源らを乗せた船が着岸するや、国中の飢人が救いを求めて集まってきたという。

重源は船中にあった米を人々に施し、その後は農料（種籾）を与えて、住民の生活の安定をはかった。国内が落ち着いたのを見極めて、ようやく山奥に分け入って材木の選定にかかったのである（『東大寺造立供養記』）。また鎌倉時代後期成立の仏教説話集『沙石集《しやせきしゆう》』巻七は、材木の伐《き》り出し作業中に、食糧として積んでおいた俵を、痩《や》せ細った子供が盗もうとしたと語る。子供は盲目の母との暮らしに窮し、「この杣の食《じき》は多く候、仏事なれば御事も欠けず、尽くることもあらじ」（この山の食糧はたっぷりあり、仏さまのものだから不足することもなく、尽きることもなかろう）と考えて、少し盗んで母に与えようとしたのだと説明した。子供の言ったとおりに、その住まいを訪ねると、まさに盲目の母がいてわが子の行方を案じていた。重源は憐《あわ》れに思って、子供に必要な食物を与えたが、「仏物なれば、いたづらに与えんも恐れあり」として、山仕事の間、この子供を召しつかったという。

周防国における重源の活動は、さきに永観が行っていた出挙と同様のものといえるだろう。利を求めるのではなく、慈悲心から出た行為であり、返済が難しければ、念仏や労働で代えることができる。「仏物」だからこそ、消尽してしまうのではなく、有効活用せねばならないという合理的感覚がうかがえる。聖と俗、信仰と経済の平衡を維持しつつ、国を安定させ、寺を修造するという事業を行うのが勧進であった。

平等の感覚

大仏殿の用材とする大木を伐り出し、奈良まで運ぶにあたっては非常な困難が伴った。重源は轆轤《ろくろ》を使って大木を倒し、深い谷を埋め、大石を砕き、荊棘《けいきょく》を除き、橋を造って険《けん》峻《しゅん》な山中を佐波川《さばがわ》まで下し、瀬戸内海に出した。藤蔓《ふじつる》を使って材木を筏《いかだ》に組んだので、国中の藤蔓が払底してしまった(『東大寺造立供養記』)。資金集めにとどまらず、多くの技術者を組織して、さまざまな問題を解決する技能と統率力は、まさに「支度第一俊乗坊」(『源平盛衰記』)との世評にふさわしい。源頼朝も、周防国の地頭に令を発し、材木運搬に精励するよう命じ、また畿内・西海道の地頭に呼びかけて輸送を支援させた(『吾妻鏡』文治三年三月四日条、建久二年閏《うるう》十二月九日条)。大和への入り口となる泉木津(現在の京都府木津川市。古くから南都の大寺院のための木材の集積地であり、運送や加工の拠点となる木屋が設けられていた)に着くと、大力車に載せ換え、牛百二十頭に牽《ひ》かせて奈良へと向かった。老若男女、あらゆる階層の人々が争って引綱にとりつき、力を貸そうとした。後白河院も自ら綱を引き、貴族らも従った。綱の端を牛車《ぎっしゃ》の中に入れてもらい、女御《にょうご》もこれを手にして結縁したという（『東大寺造立供養記』）。

貴賤を問わず、多くの人から支援をとりつけ、事業に参加させ、仏に結縁させるのが勧進上人の使命である。そこにみられるのは一種の平等主義で、あらゆる人に奉仕の機会を与える方式といえる。同じ寺院の造営でも、前出の白河院が権力や富にまかせて法勝寺を建立したのとは全く別の方向性であろう。結果として得られる功徳も、権力者が独占するのではなく、関わった人々が平等に享受するものとなる。支援の多寡を問わず、仏に近づこうとする信仰の強さに応じて、心の平安や高揚がもたらされたのだった。

このような平等主義は、専修念仏との連続性から理解することができる。重源の念仏信仰は、浄土宗をひらいた法然との関係の深さ、自身を「南無阿弥陀仏」と称し、従ってくる人々に「○阿弥陀仏」と名づけたことなどからあきらかだろう。

法然の専修念仏は、「南無阿弥陀仏」と唱えることのみによって往生できるとし、仏と人との関係を極限まで簡素化した。罪の軽重も、身分の上下も、貧富も関係なく、誰もが仏に結縁し、その救いに与《あずか》ることできるとする立場である。念仏を唱えるという点においては、あらゆる者が同じ地平に立っているのである。

「南無阿弥陀仏」を通じて、それぞれの心のありようを省察させるという内省的な方向に向かうのが浄土宗で、寺院造営や土木事業、困窮者の救済などの社会事業へと展開するの

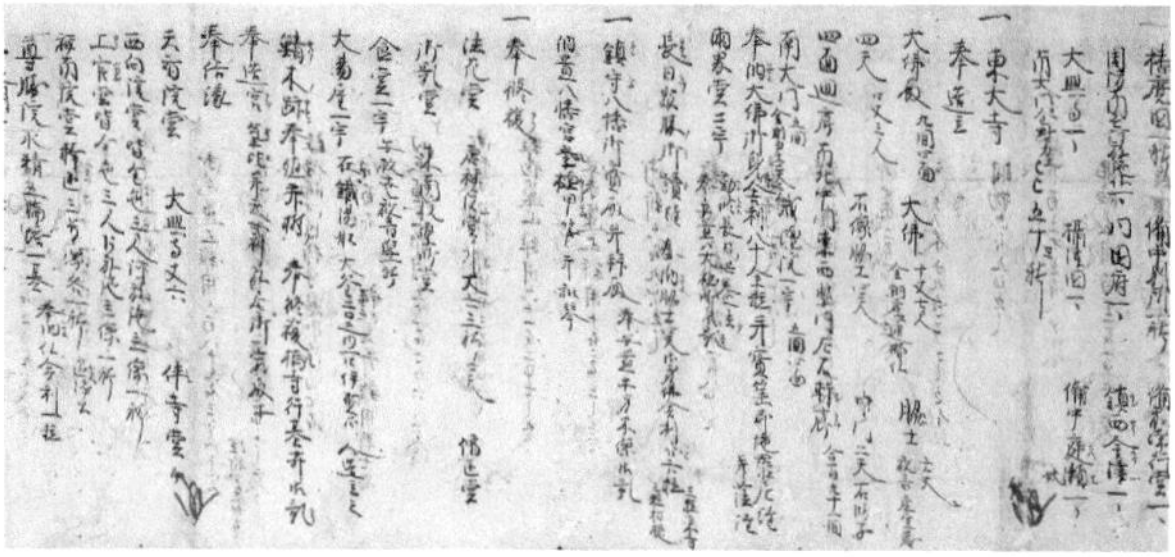

『南無阿弥陀仏作善集』（東京大学史料編纂所所蔵）

が勧進だといえるだろう。

多様な信仰

だが重源の信仰は念仏のみに収斂《しゅうれん》するものではなく、前述の持経者としての側面からもわかるように、非常に多面的な拡《ひろ》がりを持っていた。文治二年（一一八六）には六十人の学侶から成る大参拝団を組織して、伊勢神宮に詣でている。東大寺造営の成功を祈願して、神前で大般若経《だいはんにゃきょう》を転読するなど、勧進活動を喧伝《けんでん》するパフォーマンスの要素が強い（『俊乗坊重源伊勢太神宮参詣記』）。この参詣の折には、「不思議の瑞相《ずいそう》」がみられたと伝えられる。

　重源が参籠していると、夢にやんごとなき貴女があらわれて、二つの水晶の珠《たま》を授けたというのである。この話は『法然上人伝記』『古今著聞集』にもとりあげられ、後者では「末代といえども、信力の前に神明感応を垂れ給うことかくのごとし」と述べる。ついでに珠の行方も、ひとつは後鳥羽院の寵姫《ちようき》として力を持った卿二位藤原兼子《けんし》のもとに、もうひとつは仁和寺《にんなじ》に伝わっているると記す（巻一、神祇《じんぎ》）。宝珠の逸話は、重源の舎利信仰から導き出されたのだろう。

さらに神宮における夢では、弘法大師が「汝《なんじ》は東大寺つくるべき者也」と告げたともいう。弘法大師＝空海まで登場したわけだが、これは重源の経歴の中に高野山での修行が含まれていることを反映していると思われる。神道と仏教、仏教のさまざまな流派や民間信仰に類するものまで、あらゆる要素が取り込まれ、もはや渾然《こんぜん》としている感がある。

東大寺の修造を担当する勧進上人の原型は、前出の永観に見出《みいだ》すことができる。山林修行や念仏への傾倒等の信仰の多面性、自身の修行にとどまらず、実践・社会事業へと向かう姿勢など、重源へと繋《つな》がる要素は多い。

出挙を試みて悲喜こもごもの結果を体験した永観は、自分の念仏の成果を「算をいくらともなく置きひろげて」勘定しようとした。同様に、重源の八十六年にわたる生涯のなかでの、多岐にわたった事業—造寺造仏のみならず道路や橋の建設、ため池の整備のほか宋版一切経の招来まで—も、『南無阿弥陀仏作善集』として、書き上げられ、まとめられた。それは自ら成し遂げた善根の決算書であり、浄土の阿弥陀仏に示すべきものだったのだろう。

東大寺との対立

だが東大寺再興を推進し、さらに広範囲の社会事業に向かうエネルギーは、次第に寺内組織との軋轢《あつれき》を生じるようになった。建仁《けんにん》元年（一二〇一）四月、「東大寺僧綱《そうごう》大法師」らは、再建に関わる不満を朝廷に訴える。大仏殿を囲む四面廻廊《かいろう》の完成後に手がける建物の優先順位をめぐる対立が生じたのである。講堂や僧坊を希望する東大寺僧侶に対し、重源は七重塔の再建を行おうとしていた。僧侶らにとっては、法会の会場となる講堂や生活空間である僧坊の必要度が高い。七重塔は、支援者の心を結集させる核となり、勧進上人の力量を示す効果は見込めるだろうが、実用性には欠けるにちがいない。

東大寺僧侶は「和尚齢《よわい》八十に余り、命は旦暮の遷化《せんげ》を待つ。もし跡を隠さば勧進は誰をたのみとせん。今一生の既に迫らんとするを見るごとに、おのおの寸陰の空《むな》しく過ぐるを傷《いた》む」と述べる。重源はすでに八十歳を超え、死期が迫っているのだから、時間を無駄にせず、さっさと講堂や僧坊を造ってほしいというのである。

大仏殿と廻廊の建設にあたっては「一天無双の大事」として全員一致で臨むことができたのだが、その後の方向性は、社会の関心を惹《ひ》きつけ、結縁の意欲を持続させたい重源と、修行や法会を優先したい東大寺側との見解のずれが顕在化したのであろう。寺側の主張には、重源の偉業に対する感謝や敬意が感じられず、彼を東大寺復興の道具としか見ていないようである（建仁元年四月　東大寺僧綱等解草案　『春華秋月抄』二）。
技術者集団を率い、さまざまな階層の人々に呼びかけ、煽《あお》って心酔させる重源の姿は、伝統的な寺院集団からみれば、異形であり、寺内に迎え入れられるものではなかったのであろう。重源以降も東大寺には大勧進が置かれたが、栄西・行勇《ぎょうゆう》などの禅僧、律宗の忍性《にんしょう》などのいわゆる禅律僧があてられるようになり、東大寺本体との乖離《かいり》はより明確になる。内乱永観にみられたごとく、寺家修造を別当が担う方式は、もはや過去のものとなった。内乱を経た社会において、信仰の実践者は独自の活躍の場を見出し、政権の手が及ばない公共事業・社会事業の分野を担当するにいたるのである。

救済の欺瞞

本章の最後に重源と専修念仏との関係を語る説話を紹介しておこう。『古今著聞集』巻二十「魚虫禽獣《ぎょちゆうきんじゆう》」の項にみえる「東大寺春豪（俊乗）坊ならびに主計頭師員《かずえのかみもろかず》、蛤《はまぐり》を海に放ち、夢に愁訴を受くること」である。

東大寺の上人春豪坊が伊勢の一志《いちし》の浦《うら》で、海女《あま》が蛤をとっているのをご覧になった。上人は、あわれみの心をおこし、全て買い取って海に帰してやった。すばらしい功徳を積んだと思って眠りについたが、その夜の夢に蛤がたくさん出てきて、嘆いて次のように言った。「われわれは畜生の身で出離《しゆつり》の期《ご》をつかむことができない。たまたま太神宮の二の宮の神前に供えられて、解脱の機会を与えられたのに、上人がつまらないあわれみをかけたために、また重苦の身となってしまった。ああ悲しい」上人は目をさまし、いつまでも涙がとまらなかった。

主計の頭師員も、市に売っている蛤を、毎月四十八個ずつ買って、海に放してやっていた。ある夜の夢に、「畜生の報いを受けた身で、思いがけなく生死の縁を脱することができるかと望みを持ったのに、なまじ助けられたために、苦しみを離れられないままだ」と、海女たちが嘆くのを見た。それ以来、この行為をやめたということだ。放生《ほうじよう》の功徳も時と場合によるようだ。師員が行ったただの放生でも嘆かわしいのに、ましてや春豪坊の件は残念だったのだろう。伊勢神宮の御前に供えられたら、疑いなく解脱できるはずだったのだから。

書写の過程で、「俊乗坊」が「春豪坊」になってしまったのだろう。「俊」と「春」は音通で使用され、「乗」はくずした字体が似ているため、誤って「豪」と書き写されたのである。一志浦は現在の三重県津市一志町の雲出川《くもずがわ》河口付近で、歌枕にもなっている。重源の伊勢参詣の際のエピソードと思われる。

捕らえられた生き物を川や野に放して、命を救ってやるのが放生で、仏教の「殺生戒《せつしょうかい》」に基づく作善である。これを儀式化したのが放生会《ほうじょうえ》で、石清水八幡宮をはじめとして、現在でも多くの寺社で年中行事のひとつとして行われている。殺生を禁じ、生命を救うのは善行にちがいない。しかしそれは、救う側の自己満足にすぎないのではないか？というのが、上記の話の主題である。迷いの中で生きることを「苦」ととらえる立場からすれば、死は、呪われた宿業を脱するチャンスであり、それを奪われるのは、嘆かわしく恨めしい。この説話での俊乗坊は、法勝寺を造って得意になっている白河院と同じところにいる。「罪にはよも候はじ」どころではない。「かなしきかなや、かなしきかなや」と蛤に嘆かれ責められて、「涕泣《ていきゅう》し給ふこと限りなかりけり」と涙にむせぶしかないのだ。

中原師員と専修念仏

後段に登場する中原師員（一一八五―一二五一）は、明経道《みょうぎょうどう》（儒学の研究）を家業とする中原氏庶流の出身で、文筆や陰陽道《おんみょうどう》等に長じ、鎌倉に下って幕府の実務官僚として活躍した人物である。幕府の推薦によって大外記・摂津守等の朝廷の役職にも任じられた。摂津守となったのは、同国の住吉社の造営を担当するためで、とくに瑕疵《かし》のない前任者を辞めさせての人事だった。「武家の威」があるから、造営事業に耐えるであろうという朝廷の目論見《もくろみ》だったらしい。(『民経記』寛喜《かんぎ》三年八月十七・十九日条)。

彼はまた専修念仏の信者でもあった。現在苔寺《こけでら》として名高い西芳寺《さいほうじ》は行基《ぎょうき》が創建したものだが、その後荒廃していたのを師員が再興したのである。『西方寺縁起』は、念仏宗に帰依する師員が本尊を修理して寺を再建し、法然を招いて再興開山と仰いだと伝える。また彼は放生の功徳を重視し、市で多くの魚鳥を購《あがな》い、池に放した。その後寺はまた荒廃したが、師員四代の孫にあたる摂津親秀が、暦応二年(一三三九)に夢窓疎石を請じて禅宗寺院と成し、現在に至った。

前の説話は、師員の念仏信仰と放生の実践を素材とし、重源の伊勢参詣と結びつけてできあがったものだろう。作善や救済を実践に移すとき、それらは絶対的に正しいわけではなく、状況によっては相対的ならざるをえないこと、作善や救済のなかに時として欺瞞が含まれることを、あらためて語っているのである。

なお師員には、もと将軍に仕えた女房で、浄阿弥陀仏と名乗り、「亀谷禅尼《かめがやつ》」と呼ばれた妻がいたことがわかっている。建長三年(一二五一)に夫が亡くなってから、「故摂津前司後家」として史料上に登場する。彼女は、弘長《こうちょう》二年(一二六二)に西大寺長老思円房叡尊《えいそん》(一二〇一—九〇)が北条氏の招きを受けて鎌倉に下向した際、彼の「宿坊」として自宅を提供した(『関東往還記』二月二十九日条)。

叡尊は戒律の復興を唱えるとともに、さまざまな社会事業を行った鎌倉時代の勧進聖《かんじんひじり》である。鎌倉幕府は撫民《ぶみん》政策の一環として、都市鎌倉における慈善救済や平和の推進を叡尊に期待したのだった。彼の活動は熱狂をもって迎えられ、幕府の有力武士やその妻室らが多く帰依した。師員の妻もその一人であっただろう。

彼女と叡尊との関係は、その後も長く続いた。彼女は叡尊の教えに従って、経営する所領に殺生禁断を命じ（『金剛仏子叡尊感身学正記』弘安《こうあん》二年九月二日条）、宇治橋の造営費用として百貫文を奉加している（同、弘安七年正月二十六日条）。夫からかなりの資産を受け継ぎ、有力な支援者であったらしい。勧進上人と支援者、社会とが多様な縁を結んでつながっていく例のひとつとして補足しておく。

第四章　異形の親王

家族の辺境・家庭の境界領域

第一章で、親王を騙《かた》った詐欺や、怪しい王子・姫宮について述べたが、今日でも天皇のご落胤《らくいん》に関わる噂《うわさ》が語られたり、〇〇宮を称する人物による事件が報道されることがある。身分・家柄を問わず、他人の家の細部はうかがい知れないものだが、皇室となるとさらに神秘のヴェールがかかっているようで、奥が深そうに思える。ヴェールの向こうに凄《すご》い秘密が隠されているんじゃないかと勘ぐってしまうのは、こちらの育ちが悪いからだろうか。ニセ者かもしれないと思いつつも、おっとりかまえて、やんごとない雰囲気を演出されれば、なにやらありがたい感じがするのかもしれない。ニセ宮様は、真偽を追及されにくいよう、断絶した宮家の名を借りることが多いのだという。昭和二十年代に世間を騒がせた「熊沢天皇」も、絶えてしまったはずの南朝の末裔《まつえい》を名乗っていた。

現代では、皇族の範囲は厳密に規定されているが、中世においてはそのあたりの管理は曖昧である。なかでも中世の始動の時期、すなわち院政の成立期には、天皇の血統をめぐる問題がおもてだって語られることが多く、政局の急激な展開や内乱の発生は、その傾向を助長した。江戸時代の大奥のように、将軍の妻となりうる女性たちが厳重に囲いこまれ、女性の側に貞女の道徳が刷り込まれていれば、男系の血統を確定するのは比較的容易である。また近代以降の、夫婦と子供から成る単婚小家族のモデルは、血統の再生産を家庭の中で完結させて、健全な小市民を構成員とする社会の成長に効果的だった。

正式な婚姻儀礼を経たもの以外にも、自由度の高い多様な男女関係が営まれている中世の宮廷社会では、家族や血統の内実は確かめきれない部分が大きく、社会的・制度的な認知によって合意を作るしかない。同時に、確定されぬままとり残されてしまう人々も生まれる。本章では、その取り残された者たち、すなわち皇太子・親王・内親王などの公式の待遇を与えられず、置き去りにされた皇胤たちをとりあげ、彼らの活動を追ってみることにしたい。

以仁王と八条院

上記のような人物として、まずとりあげるべきは、源氏の蜂起、治承・寿永の内乱のきっかけをつくった以仁王《もちひと》だろう。後白河院の皇子で、母は藤原季成《すえなり》の娘成子《せいし》、同母の兄弟に歌人として名高い式子内親王や、仁和寺門跡となって多くの著作をのこした守覚法親王《ほっしんのう》がいる。

以仁王も幼いころに天台座主《ざす》の最雲法親王の弟子となった。だが、応保二年（一一六二）に最雲が亡くなると仏門を去って還俗《げんぞく》、その後ひそかに元服を遂げた。「御手跡うつくしうあそばし、御才学すぐれてましましければ」（『平家物語』）――すなわち、能筆で、学問に秀で、施政者となるべき資質を十分に備えていたという。自身も宗教界の生活に満足せず、俗界でのより大きな野心を抱いていたのだろう。八条院の猶子となって、その庇護《ひご》を受け、世に出る機会をねらっていたのである。

しかしながら政界では、平氏が上昇気流に乗り、内廷における力をも伸ばしていく。清盛の妻時子の姉妹である平滋子（のちの建春門院）が、後白河院の寵愛《ちょうあい》を受けて男子を産み、その男子（憲仁《のりひと》）が即位して高倉天皇となる。高倉天皇には、清盛と時子の娘徳子（のちの建礼門院）が入内《じゅだい》し、彼らの子が安徳天皇となって、清盛はついに天皇の外祖父の地位を得るのである。以仁王が皇位継承に関与する余地はなく、彼は親王宣下を得ることもできずに、悶々《もんもん》とした日々を送っていた。ただし八条院という有力な後ろ盾を得たことは、大きな意味を持っていた。

八条院暲子《しょうし》（一一三七―一二一一）は、鳥羽天皇と美福門院得子《とくし》とのあいだに生まれ、両親の鍾愛《しょうあい》を受けて育った。弟の近衛天皇が十七歳で崩御した際、鳥羽院は彼女を即位させて女帝とすることを真剣に考えたという（『愚管抄』）。彼女は両親から莫大《ばくだい》な所領を相続したほか、多くの荘園《しょうえん》の寄進を受け、後に八条院領として皇室の主要な財源のひとつとなる所領群を集積した。

八条院は、鳥羽院の正統な継承者・守護者とみなされ、絶大な信望と敬意を得ていたが、本人はいたっておおらかで、その宮廷も、のびやかに運営されていた。作法や服装なども

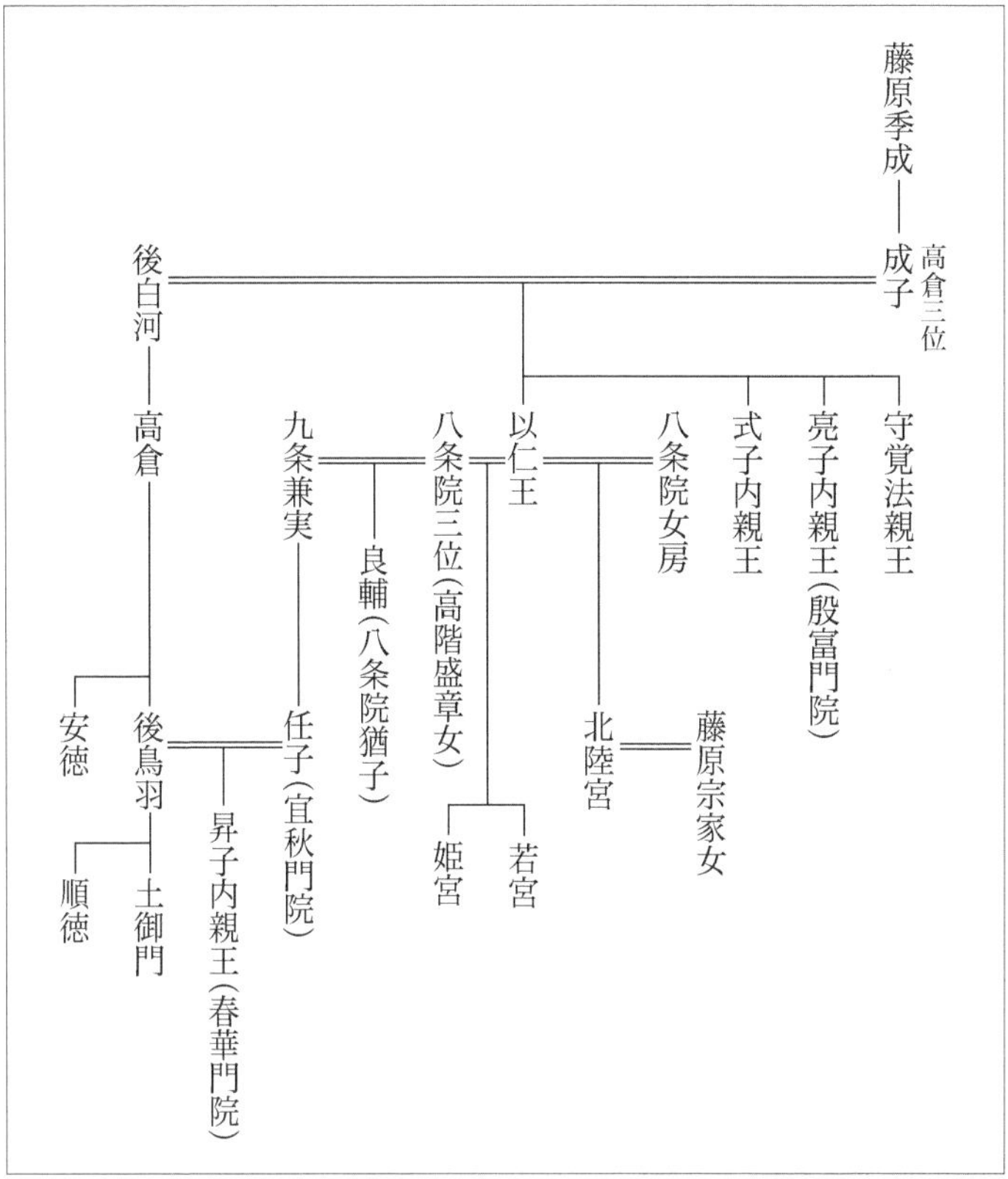
藤原季成
成子
高倉三位
後白河
守覚法親王
亮子内親王（殷富門院）
式子内親王
八条院女房
以仁王
八条院三位（高階盛章女）
九条兼実
良輔（八条院猶子）
高倉
藤原宗家女
北陸宮
若宮
姫宮
任子（宜秋門院）
後鳥羽
安徳
昇子内親王（春華門院）
土御門
順徳

以仁王関係系図

うるさいことを言わず、女房達も「わが参りたきおり参りて、あそびたきおりあそびて」と自由にさせており、掃除もいきとどいていないありさまだったという（『たまきはる』）。ただし、その豊かな財力と懐の深さは、多くの人材を呼び込み、彼女の宮廷は独自の文化圏を形成していた。女房が産んだ子供たちや、皇子女なども養育されており、以仁王もその一人だったのである。

才能と野心を持ちながら、平氏全盛のもとでは不遇に甘んじなければならなかった以仁王は、源頼政（源三位《げんざんみ》頼政）と結んで平氏打倒を企てるにいたった。頼政は、八条院の母美福門院に仕えて出世した武士であり、挙兵計画の関係者には、八条院周辺の人物が多い。彼女の富も、軍事行動の財源として期待されていたにちがいない。

以仁王は平氏追討を訴える文章を作成し、諸国の源氏に蜂起を促した。これが以仁王の令旨《りょうじ》（親王が発する文書の様式）である。皇室メンバーによる呼びかけの効果は大きく、内乱発動の契機となったのはよく知られているところだろう。

以仁王の死

治承四年（一一八〇）五月、挙兵計画が発覚し、以仁王は園城寺《おんじょうじ》に脱出した。その後、合流した源頼政の一党とともに、園城寺から興福寺へ向かおうとしたが、途中の宇治で追ってきた平氏軍と合戦になった。頼政は奮戦ののち自害、落ちのびようとした以仁王も南山城で討たれた。敗死した者たちの首は京都に運ばれて、首実検が行われたが、以仁王に限っては、その死を確認することが難しかったようである。『平家物語』によれば、「年来参りよる人もなければ、見知り参らせたる人もな」かったため（日ごろ、宮の周囲に出入りする者もいなかったので、顔見知りの者がおらず）、宮を診察したことがある典薬頭《てんやくのかみ》和気《わけ》定成《やすしげ》という医者を呼びにやったところ、病気と称して出頭せず、結局、宮の寵愛を受けた女房をさがし出して、本人であることを確認させたという。

以仁王の死をめぐっては、史料によって伝えられる内容がまちまちである。『山槐記』は、宮の服装を覚えていたある舎人《とねり》が、討ち取られた者のなかに宮の遺体があったことを証言したと記す（五月二十七日条）。『愚管抄』は、宮の「御頭を万の人に見せ」たところ、宮の学問の師であった藤原宗業《むねなり》が確認したとする。また『玉葉』では、宮の首をとったのは確かだが、本人のものかどうか未確認で、宇治平等院の殿上の廊で自害した三人のうち、首のない一人が宮にあたるのではないかなどと、あやしげな情報を載せてい

八条院御影（安楽寿院所蔵）

る（五月二十六日条）。

以仁王は世間的には、実態がさだかでない、立場も曖昧な存在であった。遺体から首が打ち落とされたことで、本人と同定する情報が、さらに少なくなってしまったのである。以仁王に続いて都を出奔した者の一人に少納言の藤原宗綱という者がいた。人相をみるのが得意で、相少納言と呼ばれていたが、以仁王と対面して「必ず天皇になる相をお持ちです」と、彼の野心をあおるようなことを述べ、大乱の原因をつくったという（『玉葉』六月十日条）。宗綱も南都で平氏軍に捕らえられ、拷問を受けていろいろなことを喋《しゃべ》ったらしい（同、六月十五日条）。さらに翌年、再び捕らえられて尋問された際には、以仁王の居場所は知らないが、王が生存しているのは確かだと語った（『玉葉』養和元年十月八日条）。

以仁王生存説

『玉葉』治承四年九月二十三日条には、以仁王と源頼政とが、駿河《するが》国を経由して、さらに遠方に向かったという噂が載せられている。記主の九条兼実は「奇異なり、また奇怪なり」と否定したうえで、権勢に奢《おご》った平清盛に対する世間の人々の憤懣《ふんまん》が、このような奇怪な想像を生んでいるのではないかと述べている。また同書の十月十九日条には、以仁王の遺体と信じられていたものは、実は本人ではなく、王に仕えていた菅冠者《すげのかじゃ》という者だったとの説も見えている。菅冠者は年齢は王と同じくらい、優しげな容貌で、音楽にも堪能だった。王が園城寺に去った直後に、たまたま御所に参入した。武芸には自信がないので逃げようとしたのだが、思いがけず南都に同行する羽目になり、途中で斬られてしまったというのである。菅冠者の動向を知っている者が少なかったため、最近になってこのような遺体替え玉説が取り沙汰されるようになったという。しかし兼実はなかなか冷静で、「以仁王が本当に生きているのなら、数箇月もたってから噂になるのは不自然である。とても信じられない」と記している。

天皇の尊貴な血統を受け継ぎ、反平氏へと人々を鼓舞した以仁王の記憶は、あちこちで語られたのだろう。彼の生存説は、時代の新しい局面への期待と表裏をなしており、どちらもこの段階では、はなはだ危うい可能性しかもっていなかったといえよう。『平家物語』によれば、王は光明山の麓にあった鎮守社の鳥居の前で戦死した。現在の京都府木津川市山城町内で、第三章に登場した永観が、一時隠棲していた光明山寺の寺域である。その後、王を祀った高倉神社がおかれ、隣接して王の墓と伝えられる陵墓がある。

それだけでなく、王が平氏の追及を逃れてたどりついたという伝承が、新潟県小国《おぐに》町（現在の長岡市）や福島県南会津郡にも残っており、会津にはやはり王を祀る高倉神社が鎮座しているのである。

北陸宮

以仁王の生涯は、劇的であると同時にややオカルト的な色彩を帯びているが、彼の子供達もまた数奇な運命をたどった。第一王子は越前国に逃れ、「北陸宮」と呼ばれて木曽義仲に担がれるところとなった。義仲は信濃《しなの》国から出て、北陸道を制圧して都をめざすコースをとったが、進軍にあたり、この王子を旗頭として使ったのである。寿永二年（一一八三）七月、源氏の先陣を切って入京すると、義仲はこの宮を皇位につけるよう、後白河院に奏上したが、もちろん受け入れられなかった。翌寿永三年の義仲の敗死後、宮は京都に戻って余生をおくり、寛喜二年（一二三〇）七月に六十六歳で亡くなった。藤原定家は『明月記』のなかに、北陸宮逝去の報をきいたことを記している（七月十一日条）。

八日に、嵯峨《さが》の孫王と称する人が、六十六歳で亡くなった。世間では還俗の宮と呼ばれていた方で、以仁王の息子だそうだ。（以仁王が討たれた）宇治の合戦の際に、難を逃れるために便宜的に頭を剃《そ》って僧体となって東国に下向し、その後、再び俗体になって都に戻った。建久・正治年間（一一九〇―一二〇一）に、皇籍を離れて源姓を賜ることを願い出たというが、認められなかった。晩年は嵯峨に住んで、藤原宗家卿《きょう》の娘を妻とした。たいそう心の穏やかな女性だそうだ。宮は土御門《つちみかど》院の皇女を養育しており、その養女に所領を一箇所譲ったという。

数々の修羅場を生き延び、やっと安住の地をみつけた北陸宮も、口の悪い都びとから「還俗の宮」というありがたくない呼び名を奉られ、温かく見守ってもらうというわけにはいかなかったらしい。親王宣下を受けて正式な皇室メンバーになることもできず、さりとて源氏となって臣下に下ることも許されないのでは、無為に暮らすほかなかった。平氏の滅亡後四十年以上経過しており、長すぎる余生であったろう。定家にとっては、どの天皇に繋《つな》がるともさだかでない、市井の〝自称孫王〟だったのである。

北陸宮は自分の生活の資に充てるために与えられていた所領を養女に譲ったのだが、これも宮の遺志どおりにはいかなかった。「臨時の御恩」として与えられていたにすぎない所領を、勝手に相続させるのはけしからんという、後堀河天皇の判断で、とりあげられてしまったのである（『明月記』寛喜二年八月三日条）。姫宮の行く末を考えると、まことに気の毒なことであった。

土御門天皇の系譜

北陸宮が養育していたという姫宮の父、土御門院は承久の乱で朝廷側が敗退した際に、

土御門院（『天子摂関御影』宮内庁三の丸尚蔵館所蔵）

土佐国に配流とされた（後に阿波国に移る）。土御門院は倒幕を推進した後鳥羽・順徳両上皇とは一線を画していたのだが、二人が配流となったのに、自分だけが罪に問われぬことを潔しとせず、自ら申し出て都を去ったのである。土御門院には多くの皇子女があり、『本朝皇胤紹運録《ほんちょうこういんじょううんろく》』によれば諱《いみな》しかわからない皇女だけでも五人を数えることができる。いずれもどのような運命をたどったのか不明だが、そのなかの一人が北陸宮に引き取られていたのだろう。皇女とはいってもやはり無名の存在である。

承久の乱後、幕府は後鳥羽院の子孫を排除し、その同母兄にあたる守貞《もりさだ》親王の皇子を皇位につけた。これが後堀河天皇で、すでに出家していた守貞に太上天皇の号を与え、治天の君として政務にあたらせた。天皇位に就いたこともない出家者が、天皇の後見をするのは異例だったが、ほかに方策がなく、守貞は後に後高倉院と呼ばれた。実は守貞自身が、「いとかずまへられ給はぬふる宮」（まるで数にいれてもらっていない年とった宮、『増鏡』）で、即位の可能性がないとあきらめて出家したという経緯があった。思いがけず、自分の皇子に天皇位がまわってきたわけだが、後堀河は二十三歳で崩御、その子の四条天皇も十二歳で崩御し、守貞の血統は絶えてしまった。

そこで後継者として浮上したのが、土御門院の皇子であった。同院が倒幕に与《くみ》しなかったこと・彼の母である承明門院（源在子《ざいし》）の兄弟土御門定通の妻が北条氏の出身（北条義時の娘）だったことから、幕府が支持したのである。

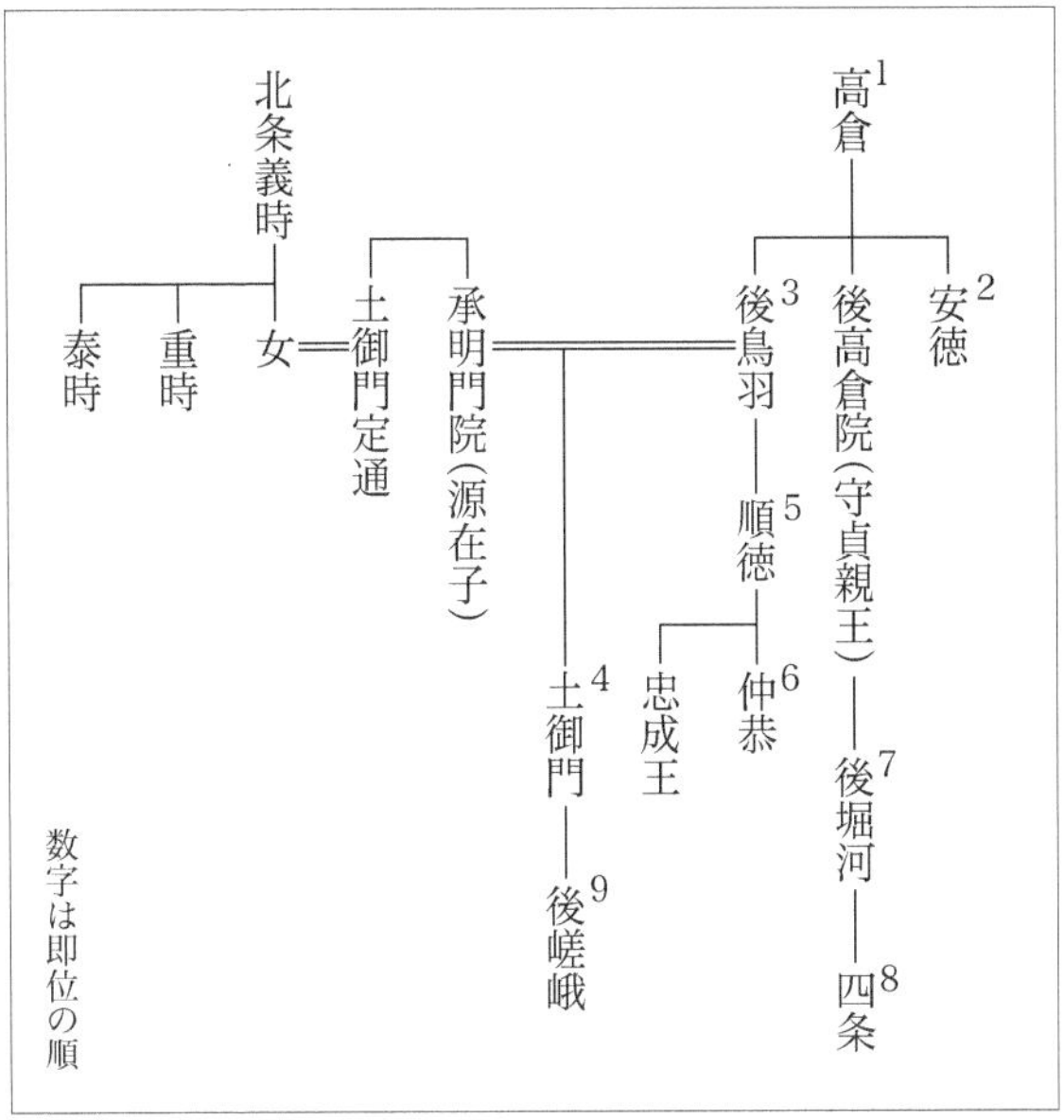

土御門天皇関係系図

仁治《にんじ》三年（一二四二）正月、彼はまず元服をとげ、諱を邦仁《くにひと》と決定し、しかる後に践祚《せんそ》の儀を行った。この後嵯峨《ごさが》天皇は、後に幕府と協調して徳政を行い、公家《くげ》政権のいわば中興の祖となった。

　後嵯峨天皇をはじめとする土御門院の皇子女たちを保護したのが、彼らの祖母の承明門院である。承明門院自身もけっして豊かではなく、幕府の使者が皇位への推挙を告げるために御所を訪ねると、門はゆがんで開かず、庭には草が生い茂って、まるで打ち捨てられた様子だった。

後嵯峨天皇も、元服もできずに年月を過ごすのに疲れ、出家を考えたこともあったらしい。だが、出家を妨げ、将来の立身を暗示するような霊夢や不思議な現象があったために、思いとどまっていたという（『五代帝王物語』『増鏡』）。

皇統に連なる人々のあいだには、互いに保護し、養育しあう関係が形成されていた。無名のまま消えていった皇子女は多かったろうが、一方で後嵯峨のようなケースもあって、この関係は皇統の危機を救う役割も果たしたのである。

以仁王の姫宮

以仁王はほかに八条院の女房三位局《さんみのつぼね》（高階盛章の娘）とのあいだに一男一女をもうけていた。男子は六波羅に連行された後、仁和寺で出家させられたが、女子は八条院のもとにとどまり、手厚い庇護《ひご》を受けていたようである（『源平盛衰記』十五　宮御子達事）。以仁王の姫宮として知られるこの女性は、北陸宮ほど長い余生をしのぐ必要がなかった。

建久七年（一一九六）、重病にかかった八条院は、当時の関白九条兼実のもとに自筆の書状を送り、姫宮に親王宣旨を下されるよう、後鳥羽天皇に奏請することを求めた。自分が亡くなる前に、姫宮の立場を確実にしてやろうと考えたのだろう。だが兼実は、父の以仁王が親王宣下を受けていないのに、その子が親王になるのはいかがなものかと、否定的だった。文書作成や儀礼に関する調査を行う専門職である外記《げき》に諮問したところ、やはり先例がないという答えであった。兼実は八条院のもとに赴き、親王の子でない者が親王宣下を受けることは「未曾有《みぞう》」であるうえに、父宮は「刑人」（罪人）なのだから、親王宣下の可能性を論じることとじたいが物議をかもすであろうと述べ、この件は公卿会議には付さないむねを示した（『玉葉』正月十〜十六日条）。要するに門前払いだが、この時は八条院の病状が回復したため、それ以上の問題にはならなかったのである。

結局姫宮は、八条院よりさきに落命することとなった。元久元年（一二〇四）二月に亡くなったのである。さきの親王宣下に関わる記事で、九条兼実はこの宮のことを「三条宮姫宮」と呼んでいるが（以仁王の屋敷が三条高倉にあり、彼が三条宮・高倉宮などと呼ばれていたため）、彼女の死を記録した藤原定家は「八条院の姫宮と号する人」と記している（『明月記』二月二十七日条）。北陸宮のことを「孫王と称する人」と書いたのと同様、本当に皇室の血を引いているのかと疑っている調子に思える。八条院さまのお屋敷には「わらわは姫宮であるぞよ」と称する女性がいて、八条院さまがずいぶん大事にしておられるようだ——などと世間では言われていたのではないだろうか。

姫宮と春華門院

実は八条院のもとには、以仁王姫宮のほかに、春華門院昇子《しょうし》という皇女が養われていた。彼女は後鳥羽天皇と中宮藤原任子《にんし》（宜秋門院《ぎしゅうもんいん》）とのあいだに、建久六年（一一九五）に生まれ、生後まもなく内親王宣下を済ませ（同時に昇子という諱がつけられる）、八条院の猶子となった。彼女の母の任子は関白九条兼実の娘なので、血筋の良さという点では、以仁王姫宮とはくらべものにならない。八条院での袴着《はかまぎ》（七五三の源流となった儀礼、現在でも皇室では五歳の時に行われる）の際も、後鳥羽院が来臨し、多くの公卿が列席するなど、貴族社会全体で大事にされて育った。建久七年には一品《いっぽん》に叙され、一品宮と呼ばれるようになる。「立てば光る、居れば光る」と噂されるほどの美しい少女に成長し、後鳥羽院も非常に可愛がったという（『愚管抄』）。その後、異母弟の守成《もりなり》親王（のちの順徳天皇）の准母として皇后宮に立后され、春華門院という女院号の宣下を受けた。

以仁王の姫宮は、昇子より二十歳程度年長になるが、血統の優れた内親王が同じ屋敷に迎え入れられ、蝶《ちょう》よ花よと大事にされて育っていくのを、複雑な気持ちで眺めていたにちがいない。二人の関係は、周囲の憶測をよんで、昇子が病気に罹《かか》ると、姫宮が人々を呪詛《じゅそ》しているせいだと取り沙汰されたのである（『明月記』建仁二年八月二十二日条）。ただし二人のあいだには呪詛以上に深刻な問題があった。八条院の膨大な所領群をめぐるものである。

前節で触れた建久七年の重病の際に、八条院は自領の相続についても九条兼実に言い置いている。この件を伝える『玉葉』同年正月十四日条の解釈は難しいが、相続者としてあげられているのは、春華門院と兼実の息子良輔《よしすけ》および以仁王姫宮の三人である。良輔は、兼実と八条院女房三位局とのあいだに生まれ、八条院ファミリーの一員として養育されていた。兼実は袴着等の成長儀礼の際に顔を出す程度で、父というよりも後見人のような立場で、良輔と接していた。だが八条院領の相続となれば、真剣にならざるをえない。犯罪者の娘で、八条院以外に後ろ盾のない以仁王姫宮に所領が与えられるのは、なんとしても阻止したいところだったろう。当然、彼女への親王宣下にも賛成するわけがない。ただし、姫宮はそれ以前にも八条院から所領分与の意思を伝えられており、姫宮生存中はそれらを管理下におき、死後には昇子に譲るむねを明記することにしたようである。

包囲される姫宮

以仁王の姫宮は、八条院に愛されすぎた。あきらかに分不相応な処遇を受けたのである。姫宮の人柄や、他の養君らとの関係について本当のところはわからない。だが八条院の莫大な資産の行く末は、日ごろから誰もが注視するところであったろう。それが姫宮に向かう可能性が示されたとき、貴族社会はいっせいに異をとなえたのである。藤原定家は「かの姫宮、日吉において人々を呪詛したてまつるの由、権門辺の人々謳歌《おうか》披露すと云々」「また一品宮（昇子）・三位中将殿（良輔）ならびにその妻近日連々病悩す、これまた姫宮呪詛すと云々」と記す（『明月記』建仁二年八月二十二日条）。姫宮は昇子と良輔夫妻を呪詛して病気にさせたうえに、日吉社において人々を呪詛していると、有力な家柄の人々のあいだでおおっぴらに語られていたというのである。もはや彼女は皇室や上流貴族全体を恨み、呪っているかのように怖《おそ》れられていた。もちろん定家も、彼女の存在を厭《いと》う貴族社会の一員である。

元久元年（一二〇四）の姫宮の死はひどく急なことで、前後の状況や死因について、いろいろな噂が流れた。もちろん彼女を貶《おとし》めるような評判も、思いきりついてきた。長年八条院の御所で世話になり、無駄に多くの人の手を煩わせた・連日「邪気叫喚狂乱」していた（よくわからないが、非常に攻撃的・暴力的な言動が多かったという意味だろうか）・きわめて性格が悪く、嘘言や讒言《ざんげん》が多かったなどである。しかも難産のために亡くなったのだという説まであげられている（『明月記』二月二十七日条）。真偽のほどはもちろんわからないが、八条院が大事にすればするほど、周囲の妬みや不満がつのったのだろう。姫宮自身も、人々の悪意に影響されて、精神を患ってしまったのかもしれない。姫宮の死を知って、八条院が深く嘆き悲しんだと伝えられているのが、わずかな救いである。

親王・内親王

いままで述べてきたように、天皇の子でありながら確たる立場を持たない者があらわれたのは、実は院政という政治形態に固有の現象である。院政とは、天皇の地位を退いた上皇（太上天皇）が、自らの子や孫を天皇位につけ、天皇に対する父権にもとづいて政治の主導権を握る方式である。上皇の住まいを「院」と称することから、上皇その人をも「院」と呼びならわすようになった。

院政のはじまりは、治暦四年（一〇六八）の後三条天皇の登場である。彼は宇多天皇以来、実に百七十年ぶりの藤原氏を外戚としない天皇だった。百七十年の間、天皇は藤原北家と呼ばれる血統の娘を后《きさき》に迎え、その女性が産んだ皇子を次の天皇に据えることを繰り返してきた。藤原氏は、外孫にあたる天皇の後見として摂政・関白の地位に就き、政治を動かしたのである。

『源氏物語』に描かれたのは、摂関政治の全盛期、藤原道長の時代であり、摂関家の栄華は盤石と見えた。ただし、それが続くのは、摂関家に次々と娘が生まれ、その娘が天皇の子を産むという条件がそろってこそで、さらに言えば、天皇があまり長生きしないでくれると都合が良い。子供あるいは年若い天皇なら、自由に操れるし、主導権を握りやすい。できるだけ多くの皇室メンバーのもとに娘を送りこんで、次世代の天皇候補者を再生産さ

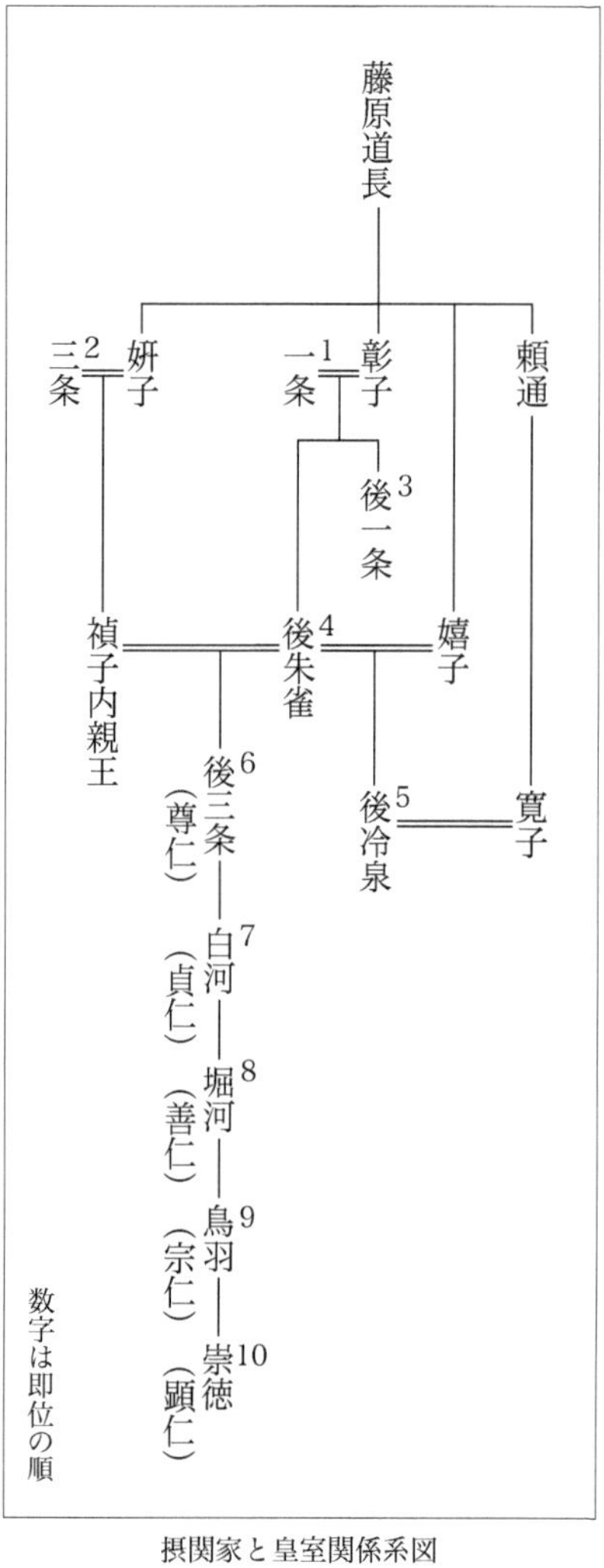

摂関家と皇室関係系図

せれば安泰《あんたい》である。ところが道長の息子の頼通の世代になって、摂関家が子に恵まれず、入内させた娘にも子供が生まれないという事態におちいってしまった。

このような状況の中、後冷泉《ごれいぜい》天皇が男子を得られぬまま四十四歳で崩御し、ほかに後継者がいなかったため、三十五歳の尊仁《たかひと》親王が践祚したのである。後冷泉天皇の母は、藤原道長の娘嬉子《きし》、妻は頼通のひとり娘寛子《かんし》。まことに申し分のない家族構成だが、次世代につなげられなくてはいかんともしがたい。摂関家としては、まことに遺憾な次第ながら、同家の娘を母としない後三条天皇が誕生した。

後三条天皇は、摂関家の影響を脱して、独自の政治を推進することを目指しており、自分の後継者も同家の血統からできるだけ遠い者としたいと考えていた。延久四年（一〇七二）、在位四年で位を退き、皇太子貞仁《さだひと》に天皇位を譲ることとした。壮年で、政治的活力の旺盛なうちに、自分の望みどおりの後継者を選定し、その即位を見届けようとしたのである。

後三条天皇は、不運にも譲位後わずか五箇月で崩御したが、彼が据えた白河天皇は七十七歳の長命を保ち、政務をとること五十七年、在位十四年、譲位後四十三年にわたって、堀河・鳥羽・崇徳の三代の天皇の父・祖父・曾祖父として院政を敷いた。さまざまな政治的葛藤《かっとう》が生じたものの、白河院の長寿は長期政権の達成を可能にし、富と権力が院のもとに集中することとなった。以来、院政は一般的な政治方式として認知されるようになり、中世を通じて継承されたのである。

母系から父系へ

日本の皇室は〝万世一系〟といわれるように、天皇の地位が血統によって継承され、血縁集団によって維持される。摂関政治の断絶や院政の出現等の歴史上の節目は、天皇家やそれをとりまく貴族社会の生命力や家族の問題と大きく関わっている。摂関政治から院政へという政治方式の移行により、天皇の結婚や、皇子女の養育のありかたも変化したのである。

摂関政治のもとでは、摂関家に生まれた娘は「后がね」、すなわち天皇のもとへの入内が予定された者として大切に育てられた。正式な婚姻儀礼を経て妻となってからも、彼女は父の娘であり続けた。財力を蓄え、栄華をほしいままにする父は、娘夫婦の後見として彼らを公私にわたって保護したのである。もちろん二人のあいだに子供が生まれれば、次代の天皇としてかしずき、大事に養育する。換言すれば、天皇の家庭は摂関家によって厳重に管理されていたのである。もちろん天皇の周囲に他の女性がいなかったわけではないが、そのような関係は、あくまで脇筋のものとして処理されていたといってよかろう。

ところが院政方式では、政治の実権を握る院が、朝廷における人事権をほとんど独占的に行使したうえに、荘園を集積し、知行国を分配するなど経済的実力を蓄え、さらに武士の力を導入して、中央政界に武力という要素を持ち込んだ。多方面にわたる力を身につけた院は、国家の最高権力者であると同時に天皇家の家長として、摂関家に代わって天皇の後見者となった。

摂関家の管理を外れ、いわば自立した立場を獲得した皇位継承メンバーは、結婚に関しても自由を獲得した。正式な婚姻儀礼を経ずに、中級貴族クラスの近臣の娘や、身近に仕える女房、さらには白拍子や遊女などと関係を持つことが可能になる、あるいはそのような関係があることを、周囲にはばかる必要がなくなったのである。これまでの母系の身分や後ろ盾が強調される状態から、父による後継者指名という父系の流れが主流となったために、母の出自を問う必要がなくなったといえよう。

待賢門院と叔父子

一方で女性の側も、摂関家の娘のように大事に管理されたり、護《まも》られたりしているわけではないので、正式な婚姻以外の関係も生じてくる。そのあきらかな例が待賢門院璋子《たいけんもんいんしょうし》である。藤原公実《きんざね》の娘だが、幼時から白河天皇に養育され、長じて鳥羽天皇の女御《にょうご》となった。摂関家の藤原忠通との縁談もあったのだが、璋子の素行にとかくの噂があるため、摂関家のほうでこれを避けたのだという。忠通は璋子が入内した際の日記に「くだんの女御奇怪の人か」「乱行の人入内」（『殿暦《でんりゃく》』永久五年十二月四日条）などと書きつけており、摂関政治期の后像とはずいぶん異なった型の女性だったらしい。『古事談』という説話集には、璋子が産んだ崇徳天皇が、実は白河院の胤《たね》であるのは公然の秘密となっており、鳥羽院は崇徳を「叔父子」と呼んでいたという有名なエピソードが伝えられている。出自に関わる疑惑のために、鳥羽と崇徳とのあいだが険悪になり、保元の乱の原因になったと説明されることが多い。

「叔父子」説を、ただのスキャンダルとしてかたづけるわけにはいかない。日本史上初めての京都における内戦である保元の乱をひきおこしたとすれば、中世の政治史を語るにあたって、たいへん重要な問題である。歴史研究者は、真偽をあきらかにしようと努力してきた。古くは角田文衞氏が、白河院と璋子が関係を持った可能性のある期間や、璋子が月経によって身を慎んでいた時期等を史料から抽出し、いわゆるオギノ式の計算法を用いて、崇徳天皇がたしかに白河院の子であると実証したとしていた。

以来、同氏の研究が通説として用いられてきたが、近年になって美川圭氏が「崇徳院生誕問題の歴史的背景」で、以下のように再考を行っている。不完全な史料から、「叔父子」説の実否を検証することは不可能である。「叔父子」説は、崇徳天皇の皇子である重仁《しげひと》の登極を阻もうとした美福門院・藤原忠通陣営が意図的に流した噂という可能性がある。また同説を伝えるのは、源顕兼《あきかね》作の『古事談』のみである。源顕兼は、忠通の息子兼実のおこした九条家と深いつながりを持っているため、特にこの話を採録したのではないか。

たしかに璋子の基礎体温表が残っているわけでも、関係者の行動の完全な記録があるわけでもないのだから、実証のための素材が不足しているのはあきらかである。また、同時代の日記等に記された情報ではなく、後になって編纂《へんさん》された説話集にしかみられないとなれば、そのまま信じるわけにはいかないだろう。

DNA鑑定などのない前近代においては、このような疑問をあきらかにすることは所詮不可能である。父親がはっきりしない子供は、必ずしも珍しくなかったはずで、ことさらあげつらわずに済ませていたと思われる。この時期に特徴的なのは、このような人間の生理に関わる話題が、世間に流れる噂という形でおおっぴらに語られる点だ。摂関期の母系による継承から、院政期の父系の重視への転換が進み、父であり家長である院の権限が全盛を極めるなかで、皮肉にも院は、自分の後継者が本当に自分の子なのかどうか、疑ってみなければならなくなっていたのである。

皇子女の立場

院と女性との関係の、いわば多様性が増したことによって、皇室の血を引く多くの子女が生まれることになった。ただし、院や天皇の血を引いているというだけでは皇室メンバーとしての待遇を受けるのに十分でなく、父帝から認知された者が王・女王と呼ばれ、さらに親王宣下を受けてはじめて、親王・内親王という地位を獲得する。親王のなかから皇位継承者たる皇太子が選ばれ、一方で皇位継承者以外の親王は寺に入れられ、将来的には法親王《ほっしんのう》として、宗教勢力の一翼を担うことが期待された。

天仁元年（一一〇八）、伊勢神宮に奉仕する斎宮《さいぐう》に任ずべき内親王がいないことが問題となった。堀河天皇の崩御によって、その皇子の宗仁《むねひと》が天皇位に就いた翌年のことである。

当時院政を敷いていた白河院や亡くなった堀河天皇の娘であると称する者はたくさんいたが、確かめる方法がない。院に尋ねても「慥《たしか》に覚えたまわらざるの由を仰せらるるなり」、つまり「うーん、そんなこときかれても、よくわからないなあ」とおっしゃったという。しかたなく四人の自称皇女たちの真偽を占いによって決することとなり、木工権守藤原季実の孫にあたる女性が、真正の白河院の皇女という結果が出た。

この女性を斎宮に任じることになったのだが、その前に内親王宣下を行うべきか否かが、重ねて問題となった。外記に先例を調査させたところ、現任天皇の子女以外の者に親王・内親王宣下を行った例はないという。彼女は院の娘だから該当しないのだ。だが、神に仕えさせるにあたって、皇室の子女という立場をはっきりさせておくべきであるという意見が採用されて、内親王宣下が成《な》され、無事に斎宮決定にいたったのである（『殿暦』十月二十六・二十八日条、『中右記』十月九・二十六・二十八日条）。

院政期以降の院や天皇のもとには、さまざまな女性が出入りし、彼女らの妊娠・出産、さらには生まれた子女の養育については、多くの関知されていないケースがあったことがわかる。真偽のさだかならざるご落胤が、あちこちで育っており、機会があればその存在が浮上するという状況だったらしい。

平清盛の落胤説

さて、このころの最も著名なご落胤は平清盛であろう。『平家物語』は、白河院の「御最愛と聞こえし」（最も寵愛が深いという評判であった）祇園《ぎおん》女御と呼ばれる女性が、平忠盛に下げ渡されたと述べる。彼女は院の子を身ごもっており、生まれたのが清盛だというのである。同時代の史料からも、白河院に仕えていた女性が忠盛の妻となったことや、祇園女御の豊かな暮らしぶり、また彼女が璋子（待賢門院）を養育していたことなどが知られる（『中右記』『殿暦』『長秋記』）。ただし、祇園女御は清盛の母としては年齢が高すぎるという難点があった。ところが近江国胡宮《このみや》神社に伝わる仏舎利相承系図によると、祇園女御には、やはり白河院に仕えていた妹がおり、この女性が清盛の母だったとすれば説明がつく。清盛は忠盛の息子として養育されたために「宮」としてはあつかわれなかったが、祇園女御が後ろ盾となって、種々の便宜を図ってくれたという。

以上のように、清盛が白河院のご落胤であることを支持する史料もあるが、これも崇徳院の叔父子説と同様、立証することは不可能と言わざるを得ない。『平家物語』は、清盛が十代のころから上流貴族並みのめざましい昇進を遂げたことを、（ご落胤という）血筋からしてなんの不思議もないと述べる。彼が天下を左右し、福原への遷都を実現できたのも、白河院の子だからこそ、そのような思い切った構想をもつことができたのだとする。

たしかに先例や家柄による規制が厳しい貴族社会において、平氏の躍進ぶりはほとんど異常といえるし、清盛による政権掌握も破格の事態にほかならない。中世の人々も、このありえない状況に対する説明を必要としたのであろう。説明を求める気持ちが、清盛落胤説を支持し、物語の中で喧伝《けんでん》させたのではないだろうか。崇徳院の例にみられるように、院政期はこのような性や生理にかかわる憶測が、声高に語られた時代だったのである。

院や天皇の落胤は、おそらく無数にいたにちがいない。そのなかのわずかな者が、貴族社会の中で認知されて宮・姫宮として遇され、さらに幸運な者（母の身分が高い者、特に天皇の同母兄弟）が親王宣下を受けることができた。落胤説を囁《ささや》かれながら、一介の武士の息子としての立場を全うした清盛は、執政者まで上りつめた。宮として庇護を受けながら、反平氏の旗を掲げた以仁王は、あえなく討たれた後も、人々の希望や幻想を担いつづけた。天皇の血統を軸として、清盛と以仁王は対照となる位置にあったといえよう。時代が大きく転換するとき、天皇の分身として、あるいは影武者として、親王が最前線を走り抜けるのである。

第五章　法勝寺執行の系譜

六勝寺の造営

稀代《きたい》の長期政権を実現し、絶大な権勢を誇った白河天皇は、国家の頂点に立つ「国王」としての地位を確立し、「王権」と呼ぶべき超越的な権力を創りあげた。彼のもとには、諸国を支配する受領《ずりよう》を通じて地方の富がもたらされ、『梁塵秘抄《りようじんひしよう》』が「黄金《こがね》の中山に鶴と亀とはものがたり、仙人童《わらわ》の密《みそ》かに立ち聞けば、殿は受領になりたまふ」と謡う華やかな時代が現出した。

政権としては、これらの過剰な富を公共的に消費し、社会に還元しなければならない。その際に選ばれたのが宗教的な蕩尽《とうじん》、すなわち造寺造仏や熊野三山等への大規模な参詣であった。白河天皇は生涯のうちに、丈六仏（一丈六尺〈約四・八五メートル〉の背丈の仏像。仏像の標準的な身長とされる）百二十七体・等身仏三千百五十余体・堂七宇・塔二十一基など、大量の仏像の造立、堂塔の建立を行ったとされる（『中右記』大治《だいじ》四年七月十五日条）。信仰の表明、国家護持の祈願等は、民衆や社会の要請にかなうと同時に、限りなく拡大可能であるという点で、過剰な富の消費に最適の事業だったのである。

多くの寺院の中でも、特段の意義を持ったのが、洛東《らくとう》白河の法勝寺である。承保《じようほう》二年（一〇七五）六月に造営を開始し、承暦《じようりやく》元年（一〇七七）十二月に落慶供養が行われた。白河は、もともと摂関家が代々別邸を営んだ景勝地で、左大臣藤原師実が白河天皇に敷地を献上したのである。創建時の法勝寺は金堂・講堂・五大堂・阿弥陀《あみだ》堂・法華堂等を備え、金堂には本尊として金色三丈二尺の毘盧遮那《びるしゃな》如来《にょらい》が安置された。当初は「大毘盧遮那寺」という寺号も検討されていたといい（『古事談』巻五）、奈良朝以来の仏教の潮流を集成した国家的寺院として構想されていたことがうかがえる。

その後も伽藍《がらん》の拡充は進められ、永保《えいほ》三年（一〇八三）には八角九重塔・薬師堂・八角堂が落成した。九重塔は八十メートル以上の高さを誇っていたと推定されている。都のランドマークとしてそびえ立ち、あらゆる階層の人々が見上げ、感嘆するものとなっていたことだろう。慈円は『愚管抄』において「白河ニ法勝寺タテラレテ、国王ノウヂデラ（氏寺）ニモテナサレケル」と記している。同寺が、「国王」を当主とする天皇の「イエ」の成立と発展の象徴とみなされていたことがあらわれている。

法勝寺に続き、白河の地には天皇の御願寺が次々と建立された。堀河天皇の尊勝寺、鳥羽天皇の最勝寺、崇徳天皇の成勝寺、近衛天皇の延勝寺、および待賢門院（鳥羽天皇皇后）の円勝寺である。いずれも「勝」の字をつけていることから、六勝寺と総称された。中世の草創期において、王権のエネルギーが集中的に投下された拠点ということができるだろう。

法勝寺の組織

法勝寺は白河の寺院群の中心として、豪華な法会《ほうえ》を催行し、多くの荘園《しょうえん》を集積した。平岡定海氏は六勝寺について包括的に論じ、六勝寺が「勅願的性格を帯びた御願寺」で、法《ほっ》親王《しんのう》制の成立と不可分の関係にあるとされた。法親王とは第四章で触れたとおり、皇位継承者を絞りこんで直系継承を確実にするために、皇太子となる者以外の男子を寺院に送りこむ制度である。平岡氏は、法親王が入寺した仁和寺が六勝寺の上位にあって全体を統括し、なかでも法勝寺は「南都《なんと》北嶺《ほくれい》の僧官を統括する役目までもつ」と述べている（『日本寺院史の研究』）。

承暦元年（一〇七七）の供養の次第を記した『承暦元年法勝寺供養記』によれば、法勝寺には寺司として検校《けんぎょう》・別当・権別当《ごんのべっとう》・上座《じょうざ》が置かれ、最上位の検校には仁和寺の性信《しょうしん》入道親王（三条天皇の皇子、大御室《おおおむろ》と通称された）が任じられた。また金堂・講堂・阿弥陀堂・法華堂には供僧《ぐそう》が設定された。法勝寺の運営・組織に関しては、山岸常人氏が「法勝寺の評価をめぐって」（『中世寺院の僧団・法会・文書』）で検討されており、この供養の際に見える僧たちが、いずれも法勝寺の専属ではなく、本寺を別に持っていることを指摘している。別当覚円は園城寺長吏、権別当覚尋は天台座主、供僧らも興福寺・東大寺・延暦寺・園城寺等から選ばれていた。逆に、国家的な法会の出仕者に注目してみると、法勝寺所属を名乗る僧はいないという。

結局のところ「法勝寺には、法勝寺所属の寺僧が殆《ほとん》ど寺内に居住せず、僅《わず》かな僧侶と寺院運営の実務を相当する俗人が寺内で寺院運営に当たり、一年に幾度か限られた時日にのみ山門・寺門・興福寺・東大寺・東寺などの最高位の僧侶と上皇以下の貴顕が参集して、きらびやかな法会が開催され」るという構造になっていた。大規模な法会の舞台となり、豪華な伽藍を誇ってはいるが、専任の僧侶を持たず、その内部組織は充実しているとは言いがたかったのである。法会は朝廷の主導で行われ、僧侶や寺院社会を統括するというよりは、貴族達に出席と布施物の供与を求めることを通じて、貴族社会の統制をはかる意味を持っていたと、山岸氏は論じている。

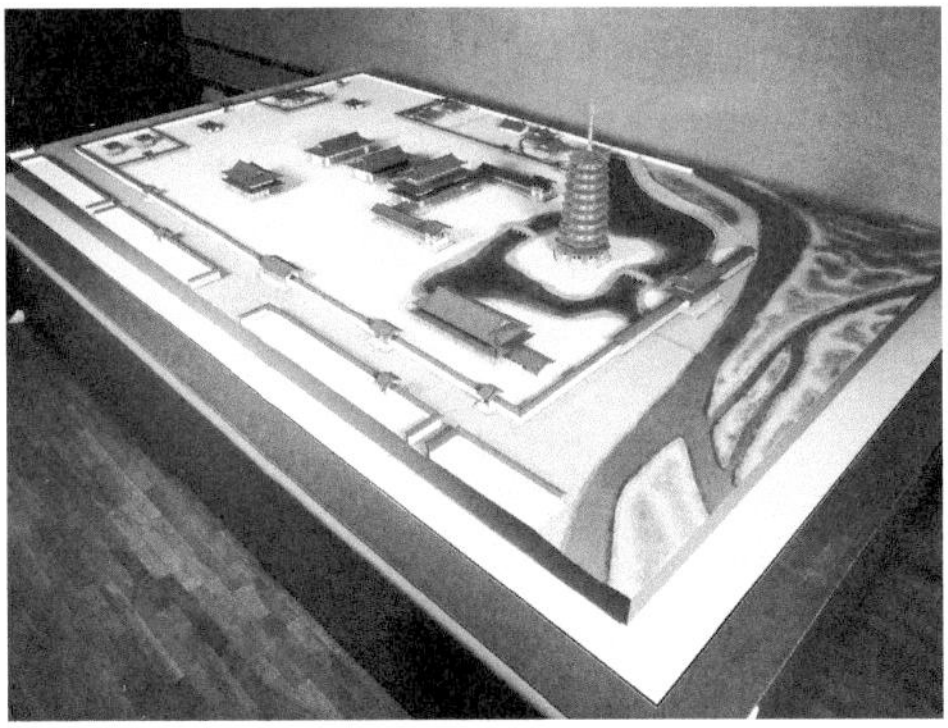

法勝寺復元模型（京都市歴史資料館所蔵）

法勝寺は、独立した寺院としての基盤は脆弱《ぜいじゃく》で、上皇が仏事を修する場として企画された劇場であった。白河院にとっては自らの住居の中に設けた巨大な持仏堂で、その追善仏事の主たる会場となったのである。

法勝寺を「擬似寺院」「空虚な場」ととらえる山

岸氏の視点に対しては、さまざまな意見が出されている。上島享氏は、白河地域について、藤原道長・頼通等の摂関家メンバーが邸宅を置き、開発してきた歴史を重視する立場から、十一世紀末以降、多くの仏堂が建立されて宗教的色彩を強めたと論じる。法勝寺の「寺辺」すなわち白河地域全体に目を向ければ、寺司・供僧らの房舎が置かれ、教義を学ぶ環境が整っていたし、寺内においても、国家的なものとは別に、同寺独自の法会が営まれていた。すなわち法勝寺は三宝を具備した寺院であり、「劇場」「擬似寺院」などではなかったという。

御願寺の執行

いずれにしても白河地域全体が、天皇の御願寺空間として独自の発展をとげる一方で、法勝寺と、その法会を担う寺僧とのあいだには、なんらかの距離があったことは事実だろう。法勝寺は、比叡山延暦寺や東大寺・興福寺等の南都の諸寺院とは異なった構造を持っており、その違いは同寺が院権力と密接に関わっていたことから生まれたものと考えられる。

遠藤基郎氏は天皇家王権と六勝寺等の御願寺との関係を考察されたなかで、その特徴を「旦那たる天皇家がその経営に関わる点」としたうえで、制度上の代表、いわば名誉職である検校・別当に対して、実務をつかさどる三綱《さんごう》組織に注目している。三綱とは上座・寺主・都維那《ついな》の総称で、寺院を管理・運営し、僧尼を統括するための組織である。とくに首席である上座は「執行《しぎょう》」と呼ばれて、寺院経営の中核となった。遠藤氏によれば、執行は仏事運営の実務、とくに会場設営や必要な物品の調達にあたる。

また執行は御願寺に寄進された膨大な荘園やさまざまな資産の管理を担う、寺内の財務責任者であって、各方面と交渉し、時に強制力も行使しつつ経営をまっとうするほか、富を捻出・操作して多岐にわたる活動を展開したという。遠藤氏は法勝寺の執行歴代についても考察しておられる。そこにみえる人物は、いずれも猛者ぞろいというか、一筋縄では語れないような顔ぶれがならんでいる。そこで、遠藤氏の研究に導かれつつ、法勝寺の執行達を追ってみることにしたい。

政経・増覚・信縁

法勝寺の初代執行としてあらわれるのは、政経（政慶）という人物である。彼は能書家で三跡の一人、書道世尊寺流の祖とされる藤原行成《ゆきなり》の孫にあたり、父の実経およびその兄弟には受領《ずりよう》になった者が多い。また兄師仲の娘は堀河院の乳母をつとめた。承暦元年（一〇七七）の同寺落慶供養の際に「上座　政経」として列席している（『水左記《すいさき》』十二月十八

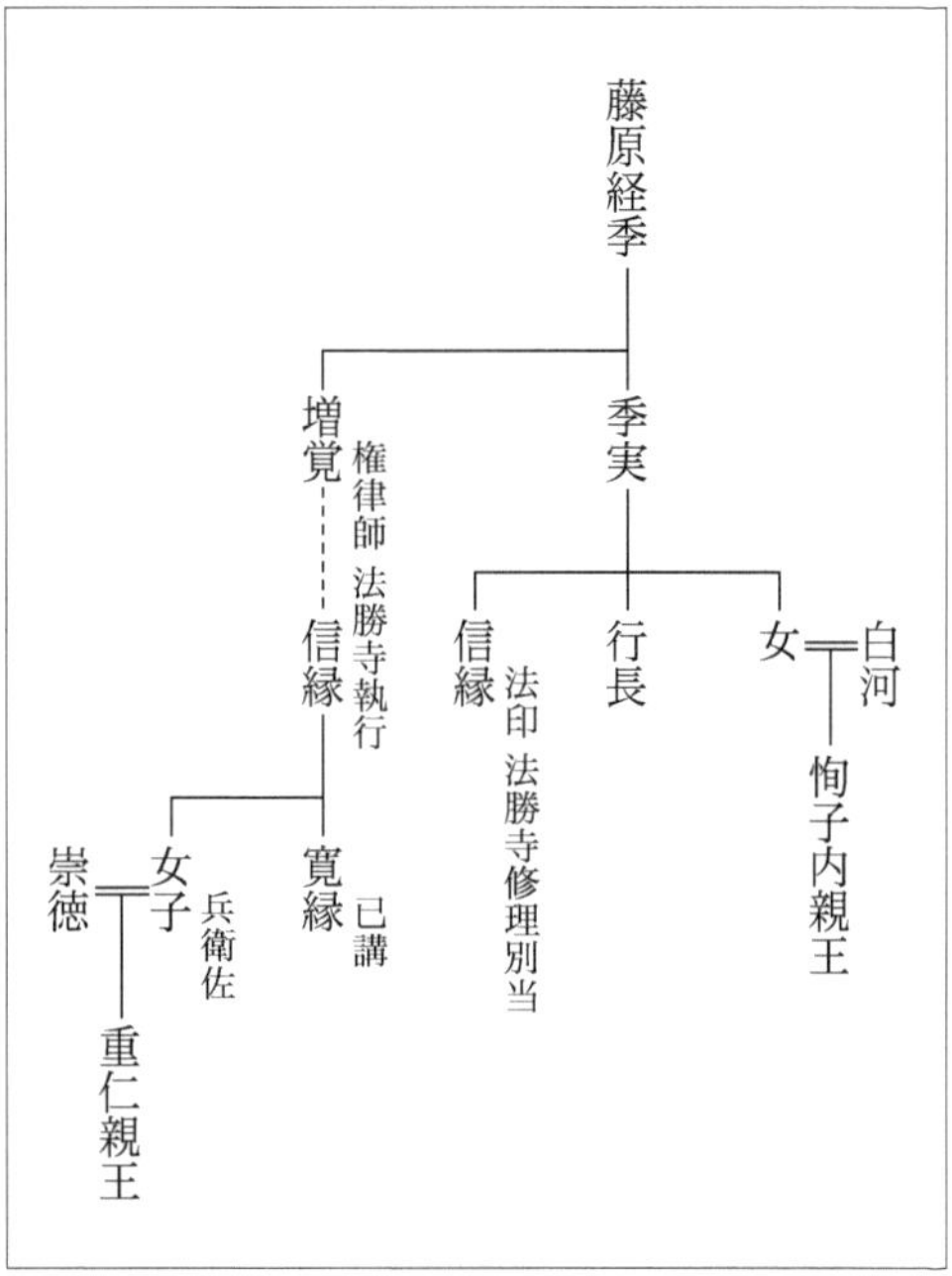

増覚・信縁関係系図

日条）。『園城寺伝法血脈』によれば「法勝寺執行・同修理別当」で、前述の八角九重塔の造立を担当し、その賞によって永保三年（一〇八三）に権少僧都《ごんのしょうそうず》に任じられた。嘉保《かほう》元年（一〇九四）十二月、七十歳で法勝寺に於いて亡くなった。

のちの嘉承《かしょう》二年（一一〇七）に、六勝寺のひとつである尊勝寺の上座静明が、大炊屋《おおいや》・湯屋の釜や井戸の設営、講堂の修理や経蔵の建造等を実施するにあたって、政経が法勝寺で行った修理事業を先例として参考にしている（『永昌記』四月二十九日条）。六勝寺の執行（上座）が、幅広く寺内の造営や修理を担当したことが知られる事例といえよう。

次にみえるのは増覚・信縁の父子である。増覚は正二位中納言にまで昇った藤原経季《つねすえ》の息子で、白河院の恩顧を受けた家系だった。兄弟の季実の娘は院との間に恂子《じゅんし》内親王を設けており、彼の屋敷であった正親町《おおぎまち》東洞院邸は院の「京御所」として利用された。恂子内親王はすでに前章に登場している（一三八頁）。複数の候補の中から、占いによって皇女にまちがいないと認定され、斎宮に任じられた女性である。皇室の一員として正式な認知を獲得したことは、一族にとっても晴れがましいことだったろう。

天永元年（一一一〇）三月に法勝寺で不断念仏が修され、院の御幸があった。増覚はこのときに「法勝寺上座」としてあらわれ、紺紙金泥一切経書写の功によって権律師に任じられている（『殿暦』『永昌記』三月二十三日条）。この紺紙金泥一切経の供養は五月に行われたが、雨のために三度にわたって延引され、ようやく実現にいたった。

度重なる延期に逆鱗《げきりん》した院が、雨水を器に入れて獄舎につないだ、いわゆる雨水の禁獄のエピソードはこの時のものである（『古事談』）。強大な権力を握った院の恣意性や茶目っ気などを示す話とされるが、院政の進行に従って、院の恣意は武力と結びつき、また武力の発動を求める人々に利用されて、保元の乱や平治の乱、さらには全国的に展開した治承・寿永の内乱につながっていったのである。初期の段階での、院権力の発現の主な舞台となったのが法勝寺だったといえるだろう。

増覚について知られることはあまり多くないが、法勝寺執行として、寺地の管理・寺内で起きた犯罪や濫行についての措置を行い（『中右記』永久二年七月十五・十七日、九月二十四日条など)、尊勝寺の上座をもつとめていた。保安二年(一一二一)五月二十八日に六十三歳(一説には六十一歳とも)で亡くなっている(『僧綱補任《そうごうぶにん》』)。

さて次の信縁は、系図上では季実・増覚兄弟の両方の子として記載されている。永久二年(一一一四)十一月、白河新阿弥陀堂(蓮華蔵院《れんげぞういん》)供養の際に、「法勝寺上座律師増覚弟子」の信縁が上座に任じられている(『中右記』十一月二十九日)。白河新阿弥陀堂は、法勝寺の西方に位置する白河南殿の敷地内に建てられたもので、院の命によって備前守平正盛(清盛の祖父)が堂舎を造営し、越前守藤原顕盛が九体の阿弥陀像を造立するなど、受領の財力を投入した豪華な堂だったらしい。これを管掌する立場となった信縁も、政治力や財力を手にすることを約束されていたといえるだろう。彼は季実の子として生まれ、増覚の弟子となったために、その養子として処遇されたのだと考えられる。

信縁の娘は内裏に女房として出仕し、兵衛佐局《ひょうえのすけのつぼね》と呼ばれた(出仕にあたって養父となった源行宗の官職右兵衛権佐にちなんだ通称)。彼女は保延《ほうえん》六年(一一四〇)に崇徳天皇とのあいだに重仁親王を産んだ。角田文衞氏が、「崇徳院兵衛佐」で彼女のことを論じ、その中で信縁についても触れておられる(『王朝の明暗』所収)。彼は最勝寺・延勝寺の上座もつとめ、白河院の御所となった白河北殿を造営するなど、財力に恵まれていた。のちに源頼朝が崇徳院法華堂に所領を寄進した際、『吾妻鏡』は崇徳院兵衛佐のことを「くだんの禅尼は武衛(頼朝)親類なり」と伝えている(元暦二年五月一日条)。

角田氏は、頼朝の母の実家である熱田大宮司の家系が、信縁とつながっていたと考えた。すなわち、頼朝の母方の祖父、熱田大宮司藤原季範《すえのり》の姉妹が、信縁の妻となって崇徳院兵衛佐を産み、信縁の財力も多くは季範や、その父で尾張国目代であった季兼《すえかね》によって支えられていたのではないかというのである。季範の娘たちは待賢門院や上西門院《じょうさいもんいん》の女房となり、息子範忠は後白河院の近臣となっている。熱田大宮司家にとって、信縁は中央政界や内廷に接近するための足場として、重要な意味を持った可能性がある。

信縁は保延四年（一一三八）正月二十三日に五十五歳で亡くなった（『別本僧綱補任』）。

俊寛

さて、強大化した院の権力は、初期の段階では院その人の恣意や人事面における専断としてあらわれていたが、次第に武力との親和性を強め、武士の中央政界への進出が促された。政治上の対立が戦闘による解決を求めた保元の乱・平治の乱を経て、法勝寺の位置づけも、より先鋭的なものとなる。それを担った執行が俊寛《しゅんかん》だった。

彼は後白河院の寵愛《ちょうあい》を受けて、平氏政権に対する陰謀を企て、喜界島《きかいがしま》に配流となった人物である。赦《ゆる》されて島を出ることを切望しながら、それが叶えられず悲嘆にくれる姿は、歌舞伎や能などに作品化されてひろく知られている。彼の立場は「都より流され給し法勝

「能狂言画帖」能 観世流 俊寛（国立能楽堂所蔵）

寺執行御房と申す人」と説明されている（『平家物語』巻三、有王《ありおう》）。

俊寛の祖父は権大納言源雅俊、父は木寺法印寛雅（木寺＝喜寺は仁和寺の院家）。祖父の雅俊は『平家物語』（巻一、俊寛沙汰 鵜川軍）で、「させる弓箭《ゆみや》をとる家にはあらねども、余《あまり》に腹《はら》あしき人」と描写された人物である。三条坊門京極の屋敷の門前を人が通行することが気に障ってしかたなく、いつも中門のところに陣取り、歯を食いしばって怒っていたという。武士の家柄ではないが、万事に荒々しい気性で辛抱がきかず、見るもの聞くもの何についてもむやみに腹をたてていたのだろう。その孫の俊寛も「心もたけく奢《おご》れる人」で、謀反などにも加担したのだと語られている。

彼が法勝寺執行として史料上にあらわれるのは仁安二年（一一六七）三月、同寺で念仏会が行われた時で、「執行上座法眼俊寛」とみえる（『兵範記』三月十日条）。また同年七月の白河院追善法華八講では、「修理別当法印寛雅」が参列している（同、七月三日条）。修理別当の職は執行が兼ねることも多いが、遠藤基郎氏によれば、役職としては執行よりも修理別当のほうが格が高い。この段階では寛雅・俊寛の父子が、それぞれ修理別当・執行の職を担当し、法勝寺の運営を牛耳っていたのだろう。遠藤氏は「俊寛が失脚配流されなければあるいはその子俊玄もまた法勝寺執行になっていた可能性は高いと思われる」と述べている。

俊寛が平氏打倒に成功していれば、法勝寺は彼の一族が管掌する寺として院権力に伴走し、強大な宗教権力となっていたかもしれない。だが治承元年（一一七七）、彼の鹿ケ谷山荘で行われた反平氏の密議は平清盛の知るところとなり、彼は捕らえられて喜界島に流されたのである。

喜界島では、作物を育てることができず、住人は山に登って硫黄を採取し、九州から訪れる商人と交易して食糧を得ていたとされる。身体の弱った俊寛は、もはや硫黄を採ることもできず、磯に出て貝や海藻を拾い、漁師に「手をすり、膝をかがめて」魚をもらいなどして命をつないでいたという。『平家物語』は、はるばる俊寛を訪ねた彼の侍童有王の視点から、次のように語る。「昔は法勝寺の寺務職にて、八十余ケ所の庄務《しょうむ》をつかさどられしかば、棟門《むねかど》・平門《ひらかど》の内に四五百人の所従眷属《しょじゅうけんぞく》に囲繞《いにょう》せられてこそおはせしが、まのあたりかかる憂き目を見給けるこそふしぎなれ」。
院権力のもとに集積された膨大な荘園は、六勝寺等の御願寺の所領という名目を与えられた。それらの筆頭である法勝寺は、上記のごとく多くの荘園を寄せられ、その経営を統括する執行は傑出した財力・威勢を誇っていたのである。見る影もなくやつれた俊寛は、有王にみとられて亡くなった。

信西の息子静賢

治承元年六月、鹿ケ谷事件で俊寛が解任された後に、法勝寺執行に補されたのが、藤原信西（通憲）の息子静賢《じょうけん》である（『玉葉』六月十八日条）。信西は当代屈指の碩学《せきがく》として知られるとともに、政治家としても傑出した構想力と実務能力に恵まれた人物であった。彼は保元の乱後、後白河天皇の親政体制の成立にあたって「九州の地は一人の有なり」と、天皇による全国統治を宣言する新政を策定し、多くの刷新的な政策を打ち出した。諸国の生産力や物流等を勘案して物資を集め、鮮やかな手際で大内裏造営を成しとげたことは、第三章で触れた通りである。

しかし彼の構想は、おそらくは先を見すぎていたのであり、凡庸な貴族達の理解を超えていた。彼が自らの政策の足場として、息子達を要職に配したことも、周囲の不満を招く結果となった。平治元年（一一五九）十二月、後白河院近臣の藤原信頼が主導する反対派の挙兵によって、信西は敗走、落命した。一族の人々も地位を追われ、配流されて、彼の政治構想は烏有《うゆう》に帰したのだった。

信西は多くの子女に恵まれたばかりでなく、そのいずれもが非常に優秀であった。『平治物語』は「凡《およそ》此一門にむすぼふれたる程の者は、あやしの女房に至るまで、才智人に越えたりき」と語っている。僧界・俗界の各所で活躍していた子息らは、平治の乱での配流後、わずか二箇月ほどで召還され、活動を再開する。もはや第一線というわけにはいかないが（彼らとしても、政治的に突出することを避けたかっただろう）、さまざまな形で才能を発揮したのである。

なかでも静賢は、後白河院の側近として仕え、政治・文化の両面で重要な役割を担った。彼については木村真美子氏が「少納言入道信西の一族―僧籍の子息たち―」で詳論しておられるので、それに拠《よ》って述べていこう。

信西の首（『平治物語絵巻』国立国会図書館所蔵）

後白河院側近としての静賢

静賢は、保元元年（一一五六）に延暦寺無量寿院の供僧としてあらわれ、翌年に最勝寺上座となっている（『兵範記』保元二年四月二十八日条）。また蓮華王院・最勝光院の執行もつとめていた（『僧綱補任』『吉記』承安三年六月五日条）。彼は御願寺の運営者としても重用されていたが、そのほかにも王者としての後白河院を支え、その立場を守るための働きを期待されていた。文化面では、院の命を受けて後三年合戦絵巻の作成を指揮したり、蓮華王院宝蔵の書籍目録を編集したりしている（『吉記』承安四年三月十七日・八月十三日条）。

蓮華王院宝蔵に収める書籍について院は、次のような方針を示した。漢籍は儒者の家や他の文庫でも収集が行われているので、蓮華王院ではオリジナル（証本）のみに限定して保管する。一方、日本の書籍や諸家の記録は、できるだけ包括的に収集・保全せよ。そのうえで目録の作成を命じたのである。後三年合戦絵巻も、この宝蔵に収められた。

蓮華王院宝蔵は後白河院のもとで、最高の文化を創成し、結集する装置として構想された。のちに、ようやく上洛した源頼朝に、院は「宝蔵の御絵ども」を見せようとした。ところが頼朝は「君の御秘蔵候ふ御物に、いかでか頼朝が眼をあて候ふべき」と述べて辞退したという話が伝わっている（『古今著聞集』）。文化の王として、その清華を見せつけようとした後白河院と、同じ土俵に乗ることを拒否した頼朝とのかけひきをうかがうことができる。院政の文化的拠点である蓮華王院の管理にあたったのが、静賢だったのである。

　彼は、特に困難な政治交渉を託されてもいた。治承三年（一一七九）、平清盛が後白河院政を停止し、院を鳥羽殿に幽閉した。治承三年の清盛のクーデターと呼ばれる事件である。このとき、軍勢を率いて福原から上洛した清盛を宥《なだ》め、申し開きをするために院が使者として派遣したのが静賢であった（『玉葉』『百練抄』十一月十五日条）。寿永二年（一一八三）、平氏を西走させ、代わって入京してきた木曽義仲との折衝も、彼が担当している（『玉葉』閏《うるう》十月十八・二十・二十三日条）。

　翌寿永三年には、平氏への追討使派遣が決定し、同時に平氏が持ち去った三種の神器の返還交渉の使者に立つことが静賢に打診された。だが静賢は、平氏を慰撫《いぶ》して神器を取り戻すことと、武力によって征討することとは、あきらかに矛盾していてひきうけられないと述べて辞退した（『玉葉』正月二十二・二十六・二十九日条）。源義経・範頼軍が入京してきたため、院としては平氏追討の発令は避けられなかった。一方で、神器の保全や神慮を第一と考える貴族達のあいだでは、平氏攻撃については慎重論が専らだった。静賢としては、危険を冒して使者に立っても、実効性が薄いと判断したのだろう。

　以上のとおり静賢は、優れた文化的見識、困難な政治交渉をこなすことのできる能力と冷静な判断力を持ちあわせた人物だった。父の信西が粛清されなければ、その右腕、あるいは後継者として華々しい成果をあげた可能性が十分にあったと思われる。しかし彼は、後白河院の陰で、その政権運営の必ずしも公式でない部分を担うことに、自己の職分を限定していたのだろう。それはまた、信西の他の子孫たちに共通する生き方だったのである。

法勝寺執行静賢

それでは静賢の法勝寺執行としての経歴をみてみよう。この点については、彼が治承三年（一一七九）四月に執行を辞めたときの史料にまとめて記されている（『山槐記』四月二十三日条）。彼は保元年間（一一五六―一一五九）にはじめて執行に補された。その後平治の乱のため配流とされて、いったんは解任される。代わりに執行の地位に就いたのが、俊寛の父寛雅である。寛雅に続いて俊寛が執行となったが、前述のとおり治承元年に反平氏の謀議を企てて喜界島に流された。これを受けて、再び静賢が執行に還補《げんぽ》された（『玉葉』治承元年六月十八日条）。

法勝寺に関連する静賢の事績は、史料上に目立ったものを確認することができない。保元年間の就任は、おそらくは後白河親政下で主導権を握った父信西の采配であろう。平治の乱が起こらなければ、その地位は信西の政権構想の一環を成すものとして、十分に活用されたと考えられる。

御願寺筆頭として国王の祈禱《きとう》や追善を主催し、潤沢な財力を誇る地位は、政治と宗教を結び、国王の権威と権力を高める役割を果たしたはずである。だが平治の乱後の静賢は、より慎重に身を処すことを選び、平氏の権勢が後白河院を凌《しの》ぐことを見越して（清盛のクーデターは、この年の十一月である）執行の地位を退いたのだった。

能円

静賢に代わって執行に補されたのが能円である。このときは歓喜《かんぎ》光院《こういん》執行の法眼章玄も、法勝寺執行への就任を望んだという。後白河院が側近の高階泰経を使者として平清盛のもとに派遣し、相談した結果、能円に決したのだった。

能円の父は藤原顕憲、母は令子内親王（白河天皇の皇女）に仕えた女房で、後に平時信の室となって時忠・時子を産んだ。時子は平清盛に嫁いで宗盛・知盛・重衡・徳子（安徳天皇母、建礼門院）を産んでいる。能円は同母姉妹の時子を通じて清盛の縁者であり、執行就任にあたっては、その点が有利に働いたと思われる。

彼の娘在子《ざいし》は後鳥羽院の後宮に入って土御門天皇を産み、承明門院の院号を宣下された。彼女の母は藤原範兼《のりかね》の娘の範子《はんし》で、後に源通親《みちちか》に嫁し、通光《みちみつ》・定通《さだみち》・通方《みちかた》を産んだ。この縁によって在子は通親の養女となり、土御門天皇も通親のもとで育てられたのである（『増鏡』）。範子は妹の兼子とともに後鳥羽天皇の乳母をつとめ、姉妹で権勢を得ていた。

とくに兼子は卿二位と呼ばれ、鎌倉幕府で尼将軍と呼ばれた北条政子と連携し、政治を左右する力を持った人物である。また在子は、非常に聡明《そうめい》で、当時説教の名人といわれた聖覚法印の説法を聞いて、そのまま暗記してしまうほどだったという（『五代帝王物語』）。土御門天皇は建久九年（一一九八）に践祚、能円・範子は天皇の外祖父母、在子は今上帝の母となった。

だが、正治元年（一一九九）に能円は死去（『明月記』八月二十六日条）、『愚管抄』は、天皇の外祖父が僧侶であるのを、人々が体裁がよくないと思っていたところ、「ホドモナク病《やみ》テ死ニニキ、ヨキ事ト世ノ人思ヘリケリ」と、能円の存在があまり歓迎されていなかったことを伝えている。翌正治二年には、範子も亡くなっている（『猪熊関白記』八月五日条）。

父の後鳥羽院が倒幕の兵を挙げた承久の乱に際しては、土御門院は積極的に関与しない姿勢をとったが、後鳥羽院や異母弟の順徳院が配流されると、自らも進んで土佐に下った。養父の通親は既に亡く、一族は権力から遠ざかっており、承明門院も不遇をかこつことになった。通親の息子通宗《みちむね》（母は花山院忠雅の娘）の娘である通子《つうし》が、土御門院の典侍となって男子をもうけていた。そのなかの一人に、通常ならとっくに出家しているところが、帝位への望みを棄《す》てられず、俗体にとどまっていた者があった。大伯父の通方のもとで養育されていたのだが、通方の死後は祖母の承明門院の御所に身を寄せていた。成人してい

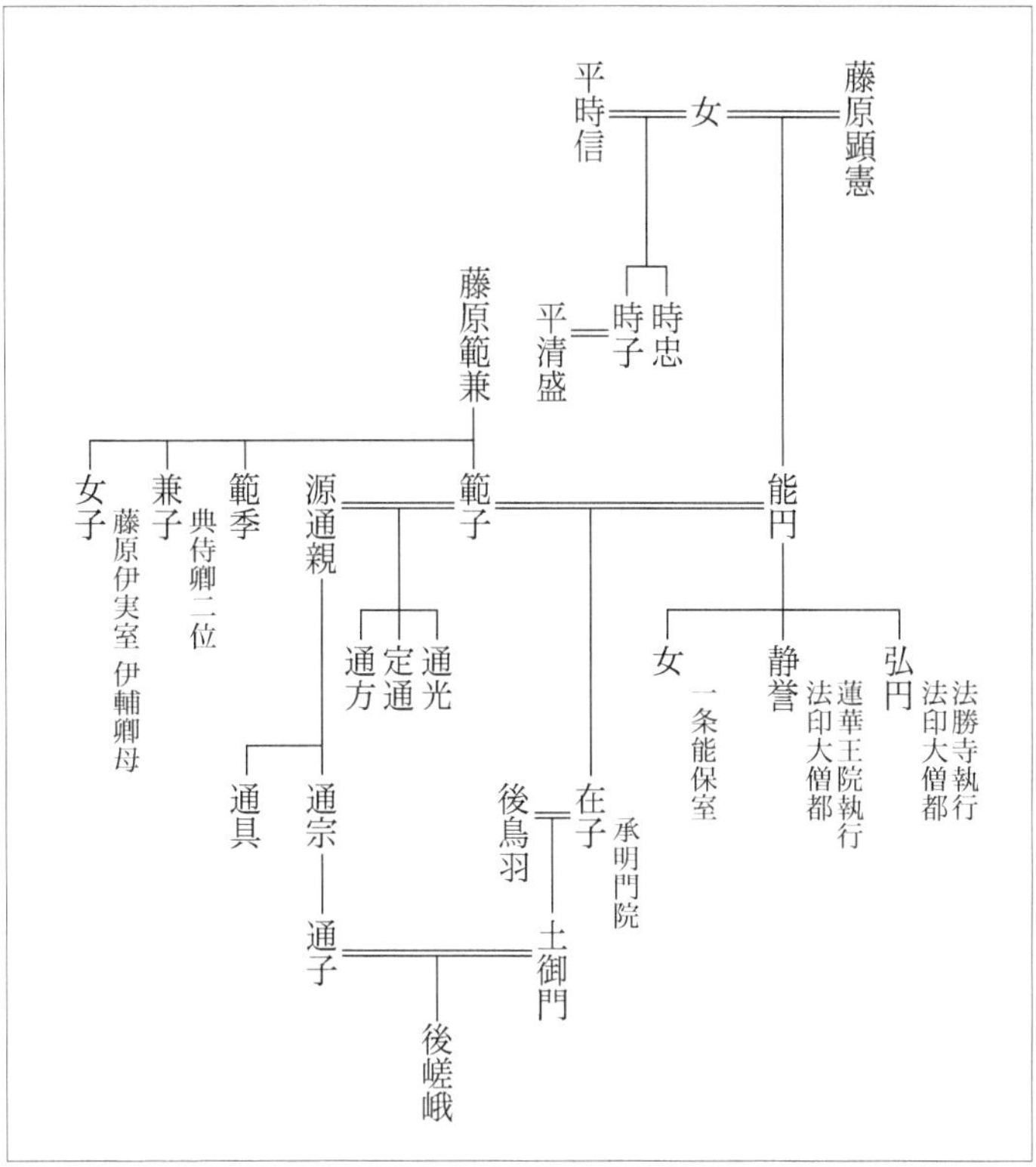
藤原顕憲
女
平時信
時忠
時子
平清盛
藤原範兼
能円
範子
源通親
範季
兼子
典侍卿二位
女子
藤原伊実室　伊輔卿母
弘円
法勝寺執行
法印大僧都
静誉
蓮華王院執行
法印大僧都
女
一条能保室
在子
承明門院
後鳥羽
通光
定通
通方
通宗
通具
土御門
通子
後嵯峨

能円関係系図

るのに元服することもできず、ろくに仕える者もなく、荒れ果てた祖母の屋敷で逼塞《ひっそく》していたのである。

しかし仁治三年（一二四二）、四条天皇が十二歳で急逝し、幕府が彼を後継者として指名するところとなった。通方の兄である定通が、北条氏と姻戚関係があることを利用して、幕府に運動したのだという。かくして名前すら与えられていなかった皇胤《こういん》は、急遽《きゅうきょ》元服の儀を行って邦仁親王となり、践祚して後嵯峨天皇となった。のちに幕府と協調して徳政を行い、院政の整備に尽力して、朝廷を中世的に再編するという成果を残したのである。承明門院は思いがけず孫の皇位継承を見ることになり、正嘉《しょうか》元年（一二五七）、八十七歳の長い生涯を終えた。

能円に繋《つな》がる女性達はいずれも有能で、変転する京都政界を、強靭に生き抜いていった。後嵯峨天皇の運命の変転については、前章でも触れたが、母方の一族の視点から見ていくと、また別の人間関係が浮かび上がってくる。朝廷や貴族社会の舞台裏を支え、深層から動かす力といえるだろう。

能円の息子には、系図によると「法印大僧都、法勝寺執行」の弘円、「法印大僧都、蓮華王院執行」の静誉がいる。静誉については、貞永《じょうえい》二年（一二三三）頃の史料に、蓮華王院宝蔵の修理費用について、僧徒らと争ったことが見えている（年未詳四月四日　尊性法親王書状『山城真経寺所蔵法華経紙背文書』）。

章玄と九重塔

能円は平氏との関係が深かったため、同氏の都落ちに同行を強いられた。平氏の滅亡後に捕らえられ、元暦二年（一一八五）に備中国に配流となっている（『玉葉』五月二十一日条）。

彼の妻の範子は、夫が失脚したために叔父の範季《のりすえ》の庇護《ひご》を受けるようになり、そのうちに源通親との関係が生まれたのだという（『愚管抄』）。

さて能円のあとに法勝寺執行の地位を獲得したのは章玄であった。彼は建久三年（一一九二）三月、後白河院崩御後の仏事の導師をつとめており「法勝寺執行法印」と呼ばれている（『心記』四月十二日条）。また六月には九条兼実のもとに挨拶に行き、「法勝寺庄々注文」を持参した（『玉葉』六月八日条）。執行が法勝寺の所領全体の管理者であることから、このような目録を手元に置いていたのだろう。

また、彼の父の法眼静俊も法勝寺・尊勝寺執行であり、御願寺との関わりは、親子二代にわたっていたらしい。前に触れたが、彼は静賢の退任の際に、その後任を希望しており、早くからこの地位を狙っていたのである。

ところが章玄の退場は劇的だった。承元二年（一二〇八）五月十五日の午後、ひどい雷雨が都を襲った。法勝寺が落雷に遭い、九重塔が焼失した（『百練抄』『猪熊関白記』）。執行法印章玄は慌てて現場に駆けつけた。もはや消火は困難な状況で、彼は金堂の壇上に逃れた。「命長くて不思議の事に遇《あい》ぬる」と慨嘆していたところ、俄《にわ》かに倒れて意識不明となったのである。輿《こし》に乗せて住房に連れ帰ったが、そのまま意識を取り戻すことなく、翌日息をひきとったという。八十六歳の長寿を保った末の死であった。

彼はまた、六十年にわたって歓喜光院の寺務をつとめており、そちらの後任には増円法眼が補された。歓喜光院は鳥羽院の妃《きさき》である美福門院得子が建立した堂で、彼女の権勢を反映して、受領たちから多くの所領が寄せられていた。後に娘の八条院に譲られて、厖大《ぼうだい》な八条院領の一部となる所領群である。章玄は法勝寺領に加えて、これらの歓喜光院領も管掌していたことになる（『明月記』五月十五・十七日条）。

章玄と能円

さて、章玄は実は女性の縁によって前任の能円とつながっていた。章玄の娘は、藤原伊《これ》輔《すけ》の室となって伊時を産んでいる。章玄はこの伊時の兄弟と親しく、しばしば行動をともにし、便宜をはかってやっていた。元久二年（一二〇五）に、典薬頭《てんやくのかみ》和気時成《わけのときしげ》の家の者が、犬が喧嘩《けんか》しているので捕らえたところ、東隣に住む章玄と争いになった。章玄の家には伊時の兄弟たちが集まっており、彼らが刀を抜いて暴れたのである。

少将伊時・侍従親通・長講堂執行伊円の三人が、時成に仕える少年に暴行を加え、屋敷内に乱入してきたので、時成が自ら出て行ったところ、いきなり顔を切りつけられたという。時成が院に訴えて大事になったために、章玄は仕方なく、法師一人と伊輔に仕えている侍一人を下手人と称して差し出した。兄弟の父の伊輔も時成に対して、いろいろと言い訳したようだが、まるで要領を得なかったらしい（『明月記』六月二十七日条）。

章玄とその孫たちは、さんざん乱暴をしたあげく、強引に事態をまとめてしまおうとしたわけである。章玄をはじめとして伊輔やその息子達、彼らの従えている侍たちにいたるまで、非常に粗暴というか血気にはやった人々だったらしい。飼っている犬までが、荒々

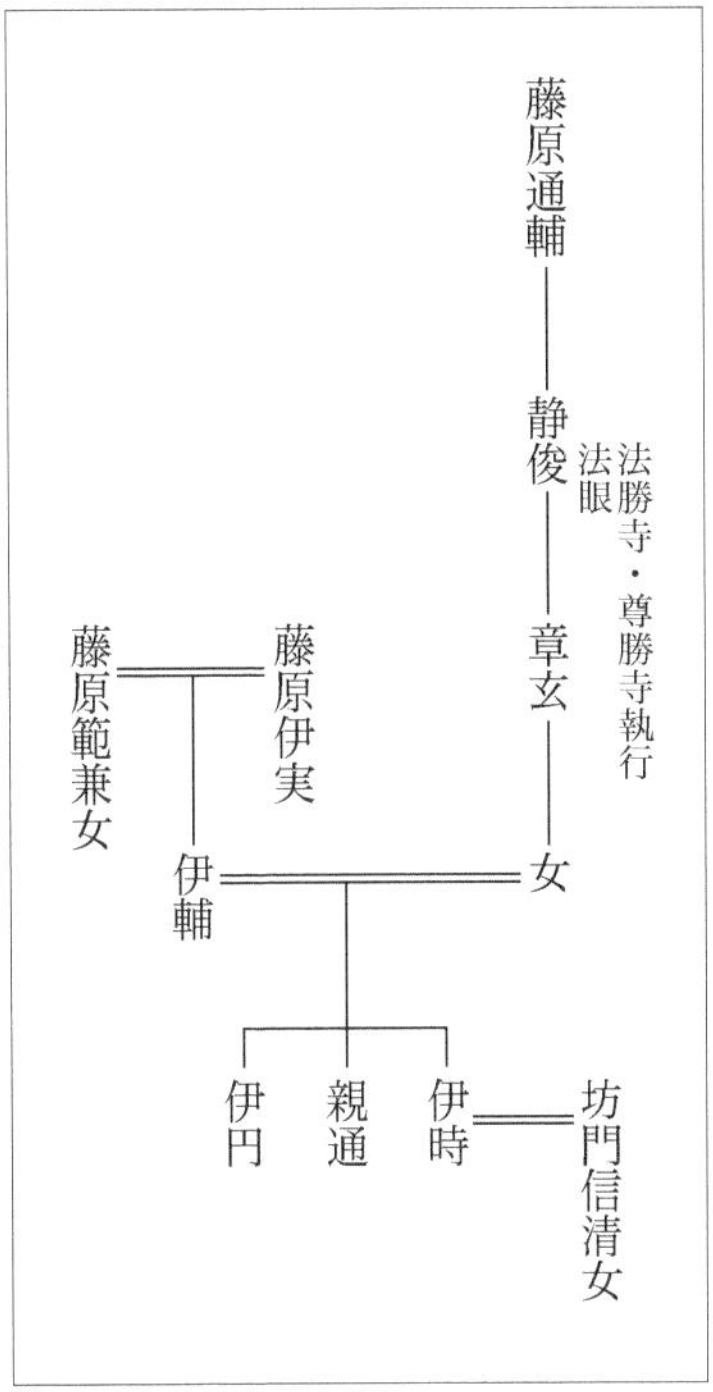

章玄関係系図

しかったのかもしれない。のちに伊時の家に仕える侍三人が群盗として犯罪を行っていたことが露見したという事件もある（『明月記』天福元年五月二十九日条）。

伊輔の母は、藤原範兼の娘、つまり前出の能円の妻範子や卿二位兼子の姉妹である。章玄の娘は伊輔とのあいだに伊時・親通・伊円の三人の子を成していた。祖父の章玄は彼らの昇進等について支援をしており、日常的に行動をともにしていたらしい。伊時は安貞元年（一二二七）、五十歳で出家している。位階は従三位となっていたが、官職のうえでは参議に昇ることなく終わった。藤原定家は、その日記『明月記』の中で、伊時が三位に叙されて以後あまり出仕せず、酒を飲んでは、あちこちぶらぶらしていたと述べる。気ままに暮らすために出家したのだろうかと、定家はいぶかしげである（十一月二十二日条）。

ただし、その後情報が入ったらしく、伊時は「細工に堪ゆるによって」、つまり細かい作業でものを作るのが得意で、双六《すごろく》の筒を作っている時に、誤って指を切ってしまい、その傷口から感染症をおこしたのだと記している（十一月二十四日条）。

父の伊輔は蔵人頭《くろうどのとう》を経ており、前内大臣坊門信清《ぼうもんのぶきよ》の婿、卿二位の甥《おい》と、有力な縁にも恵まれていたが、伊時はその人脈を生かしきれないまま引退したというのが、定家の評価である。坊門信清は、同母姉の殖子（七条院）が後鳥羽天皇の母であることから、後鳥羽の近臣として力を持った人物である。鎌倉幕府との関係についても主導権を発揮し、娘を三代将軍実朝《さねとも》の妻として、鎌倉に送り出した。たしかに権力への足がかりとして魅力的な舅《しゅうと》といえるが、伊時はありきたりな立身に興味が持てなかったのかもしれない。彼は出家後十年を生きのび、嘉禎三年（一二三七）四月に亡くなった。

以上のようにみてくると、院政期以後に登場した、天皇や院に仕えて権力を持つ中級以下の貴族の娘たちが、やはり院権力の所産である御願寺執行の僧侶達と婚姻を通じて結びついていたことがわかる。彼らは複雑に婚姻関係のネットワークを張り、財力・武力などの実利的な力を蓄えていたのである。

尊長

寄り道が長くなってしまったが、法勝寺執行にもどろう。次の登場人物はかなりの大物である。承元二年（一二〇八）の章玄の急死後、ただちに後任に補されたのは尊長だった（『明月記』承元二年五月十八日条）。尊長の父は一条能保《よしやす》、源頼朝の同母の姉妹を妻としていたために、頼朝の信頼を得て権力を握った人物である。頼朝の推挙によって官位を上げ、北条時政の後任として、京都を警衛する京都守護の地位についた。二代前の法勝寺執行能円の娘の一人は、能保の室となっている（その後、源通親の息子である堀河通具に嫁いだ）。ここでも女系の縁をみることができる。

尊長はもともと比叡山延暦寺の僧として活動していたが、いささか血の気が多いところがあったらしい。建暦《けんりやく》二年（一二一二）の賀茂祭で、後鳥羽院は多くの公卿《くぎよう》や殿上人を従えて見物に出御した。尊長もそれに加わっており、彼らが乗ってきた十七両の牛車《ぎつしや》が道に連なり、壮観であった。祭が終わって還御の際に、多くの牛車が競争する恰好《かつこう》になったという。尊長は獅子丸《ししまる》という駿牛《しゆんぎゆう》（すぐれた牛）に車を曳《ひ》かせていたが、獅子丸が暴走したため、牛童《うしわらわ》四人が倒れ、車は破損し、尊長自身は頭に怪我《けが》をして流血する騒ぎとなった（『明月記』四月二十二日条）。『駿牛絵詞《すんぎゆうえことば》』に「僧には二位法印御房（尊長、一条二位殿能保息）この道をこのみて、人々にあらそひ申されける」とみえており、彼は牛の愛好家として有名だったらしい。紫野の今宮祭の際にも藤原光親《みつちか》の牛車を追い抜こうとしたが果たせず、そのうえ車を牽かせていた名牛獅子丸が石に乗り上げ、尊長が落車する事故があったという。『駿牛絵詞』は獅子丸のことを、越前の牛で、主人を二度落車させた「落車名誉の駿牛なり」と称《たた》えている。

牛車の牛は、いうなれば自動車のエンジンにあたるものだから、駿牛の愛好家とはフェラーリやポルシェ（私はよく知らないのでいい加減に書いているのだが）に乗りたがる者と同様だろう。強馬力の車に乗れば、競いたくもなるし、事故もおきる。尊長が、安全性や高級感ではなく、スピードやスリルを求める人柄だったということである。同時に駿牛好きは贅沢《ぜいたく》な趣味に属する（これもよく知らないのだが、現代の競馬の馬主のようなものか）。全国の牛の産地から名牛を手に入れるには、財力や人脈が必要である。尊長が握る法勝寺執行の地位および同寺の所領群がその助けになったことは間違いなかろう。

承久の乱と尊長

尊長は、おそらくその野心と胆力を認められて後鳥羽院の側近となって活躍する。建暦元年（一二一一）から建保《けんぽう》元年（一二一三）にかけて、比叡山延暦寺の僧徒（山徒）が蜂起を企てたり、騒擾《そうじょう》をおこしたことがあったが、尊長は院の意をうけて交渉にあたり、山徒の恨みをかった。院は彼らを慰撫《いぶ》するために、昇進の手続きを有利にし、所領を与え、さらに比叡山の諸堂の修理料に充てるために備前国を与えることにした。実際に同国の知行者となったのは、尊長である（『華頂要略』『明月記』建保元年十二月十日条）。権力と財力が彼のもとに集中してきたわけだが、承久二年（一二二〇）には、それに加えて出羽国羽黒山の総長吏に任じられている（『仁和寺日次記《にんなじひなみき》』十二月十一日条）。

現在の山形県のほぼ中央に連なる月山《がっさん》・湯殿山・羽黒山を総称して出羽三山と呼び、平安末期には修験教団が成立していた。すなわち山伏が修行し、各地を回遊する拠点となっていたのである。尊長は宣旨（天皇の発する文書）によって総長吏に任ぜられたというが、朝廷が、そのころ出羽三山に対してどれほどの支配力を持っていたかは不明である。従って、この補任の実効性については疑問があるが、後鳥羽院や尊長の意図としては、東国を中心に広域に活動する山伏の勢力や情報網をとり込み、鎌倉幕府を打倒する一助としたかったのではないだろうか。東国への権力拡張構想の一端として、この人事が行われたことはまちがいあるまい。

そして承久三年（一二二一）、後鳥羽院は倒幕の挙兵に踏み切り、尊長はその片腕となって参加した。五月十五日に京都守護の伊賀光季《いがみつすえ》を討ち、幕府の実質的な主導者である執権北条義時に対する追討宣旨を発したのである。このとき尊長は、親幕派の西園寺公経《さいおんじきんつね》・実氏《さねうじ》父子を監禁している。西国の武士や僧兵らを動員して、後鳥羽院は勝てるつもりだったのだろう。だが挙兵の報に接した幕府の対応は素早く、執権義時はただちに息子の泰時にわずかな軍勢を与えて出発させた。西上しながら徐々に兵を増やし、六月五・六日に美濃の墨俣川摩免戸《すのまたがわまめど》で両軍が対峙《たいじ》したときには、戦力に勝る官軍を、幕府軍が圧倒する結果となったのである。

六月七日には墨俣からの使者が都に敗戦を伝え、八日早朝には藤原秀康・山田重忠らが戦地から帰洛して敗北の状況を院に奏した。この報告を聞いて、御所に侍《はべ》る人々は騒然となり、幕府軍の入京を怖《おそ》れて逃げまどった。後鳥羽院は土御門・順徳の両上皇とともに比叡山をめざすこととした。その途中で尊長の屋敷に立ち寄って、防戦態勢や今後の策を打ち合わせ、黄昏《たそがれ》を待って坂本の梶井《かじい》門跡に身を寄せたという。尊長が討幕計画の中心を担っていたことが知られる場面といえよう。

後鳥羽院は延暦寺や南都興福寺等の僧兵の支持を期待したようだが、幕府軍の優勢を見た彼らは中立を決め込み、上皇らは翌日には御所に戻らなければならなかった。十五日に両軍は宇治川を挟んで対戦し、尊長も芋洗《いもあらい》（一口、淀《よど》とならんで京都南部における要害の地）付近で幕府軍を迎え撃った。ただし幕府軍の渡河を防ぐことはできず、防衛線は破られ、関東の武士たちが都になだれ込んだのである。尊長はいちはやく姿をくらまし、幕府の捜索にも拘《かかわ》らず、杳《よう》として行方が知れなくなったのだった。

潜伏する尊長

尊長の名が再び浮上するのは、安貞元年（一二二七）のことである。『明月記』正月二十八日条に、尊長についての「巷説《こうせつ》」（世間の噂《うわさ》）が書きつけられている。吉野の奥、十津《と》河《つかわ》の八郷荘と呼ばれる地域に潜伏しているというのである。彼は、その地の黒太郎という者を味方につけて、八郷のうち五郷までをとりこんでおり、熊野三山を襲って武器・武具を奪い、阿波国に渡る計画を進めていた。しかるに黒太郎の弟が神威を怖れて離反し、熊野の関係者に通報したため、熊野三山も備えを固め、騒ぎになったということらしい。後には、尊長が髪をのばして烏帽子《えぼし》をかぶり、十津河の住人の家の婿になっていたという話も伝わってきた（『明月記』三月十八日条）。

しかも彼は一人ではなく、長厳僧正の弟子となっていた兄弟の中納言僧都長能らが一緒だったという。長能は石山寺の座主を務めていた人物。長厳は修験僧で、後鳥羽院誕生の際の祈禱を行って、生母の七条院の信頼を獲得した。熊野三山検校・新熊野《いまくまの》社検校・石山寺座主をつとめ、承久の乱にあたって後鳥羽院のもとで倒幕を推進したため、陸奥《むつ》国に配流とされていた。倒幕計画において、後鳥羽院はあてにしていた密教勢力には裏切られたが、この長厳や尊長を通じて修験の世界とは結びつきを強化したようである。

十津河の地では、承久の乱の残党が、阿波に配流されている土御門院を確保し、現政権の転覆を狙う計画が進められていた。黒太郎に密告されて、尊長らは再び姿をくらましたのだろうが、閏三月になって、熊野の衆徒が阿波国に渡ろうとしているという噂が流れた(『明月記』閏三月十五・十九・二十七日条)。熊野悪党が土御門院を迎えるために、兵船三十艘《そう》ほどで阿波国に乗りこみ、合戦になった。守護代がじきじきに防戦し、守護の小笠原長経《ながつね》も急を聞いて現地に向かったというのである。ひき続いて、阿波での合戦の事実はないが、熊野では海上を往来する船を捕らえて、積み荷を奪い、城郭を構えている、そのため四国・九州地方の地頭は警備を強化しているという情報が入った。

さらに遅れて確定情報が入る。阿波国の熊野太郎という者が、守護代のもとに自分が受けとった書状を持参した。その内容は「わが方につくか、守護方につくか」と、味方になることを迫るようなものだった。阿波国に乗りこんで騒擾をおこそうとする一党が、彼地在住の熊野出身者に対して、かなり強い調子で協力を求めたということらしい。脅迫めいた内容に恐れをなした熊野太郎は、守護代のもとに走ったのである。守護所は騒然となったが、何日か経過しても、特に事件はおこらなかった。ただ、夜釣りをするための漁火《いさりび》が多く焚《た》かれたのを、敵の来襲と思って、守護方が警備を固めたり、一般の通行を遮断したりする騒ぎがあったので、それが都にまで伝わったのだという。

「熊野太郎」というのは熊野出身の庶民をさしてそう呼んだのだろう。さきに尊長の協力者として登場した「黒太郎」も、噂が伝えられる間に「熊野太郎」が訛《なま》って、定家の耳に「黒太郎」と聞こえたのかもしれない。いずれにしても熊野の修験（山伏）のネットワークを利用した政権転覆計画が存在し、かなり実現に近いところまで進んでいたのだと考えられる。治承・寿永の内乱の際に、反平氏の挙兵のきっかけとなった以仁王の令旨に近いものが、阿波国や諸方の熊野関係者に送られていた可能性もある。

尊長の行方について、幕府関係者は捜索を続け、都の人々も気にかけていたのだろう。彼が見つからない限り、枕を高くして眠れないという心境だったのかもしれない。少しでも情報があれば、噂が都に届き、守護もただちに対応せねばならぬ脅威とみなしていたのである。

京都における捕縛

熊野潜伏・土御門院をかついでの政権転覆計画など、穏やかならざる動向が伝えられたものの、尊長の行方はわからないままであった。ところがこの年の六月、事態は急転する。鷹司油小路の肥後房という者の家に匿《かくま》われていることがわかったのである。この時の経緯については、またも藤原定家の『明月記』が詳しい（六月十一日条）。

尊長は熊野や洛中・九州等の各地を転々としていたが、この三年ほどは京都に潜伏していた。たまたま和田義盛の孫の兵衛入道朝盛《ともより》という者と友人となり、さらに彼の従兄弟の伯耆房とも知り合いになった。ところが朝盛が裏切って鎌倉幕府に通報したのである。朝盛は、まず鎌倉の執権北条泰時に使者を送って事情を知らせた。泰時は尊長が見つかったことを悦《よろこ》び、六波羅探題に捕縛を命ずる書状を送った。これが六月五日のことで、朝盛と伯耆房はさっそく六波羅探題と連絡をとり、尊長の身柄を確保するための計画を練る運びとなった。

和田朝盛は、幕府草創の功臣で、侍所別当となった義盛の孫である。和歌などにも堪能で、三代将軍実朝の側近として仕えていた。だが建暦三年（一二一三）の和田合戦で一族が滅ぼされたために、京都に逃れ、承久の乱の際には官軍についた。再び敗れて、彼もまた潜伏生活を送っていたのである。おたずね者どうし意気投合したものの、尊長を幕府に差し出すのと引き換えに、自身の赦免を得たいという誘惑に勝てなかったのだ。

七日辰刻《たつのこく》(午前八時頃)、いよいよ捕縛が決行された。六波羅探題被官の菅十郎左衛門尉周則および幕府御家人の小笠原長経とが、配下の武士を連れ、避暑という名目で二条大宮の神泉苑に向かった。甲冑《かっちゅう》は車に載せて、目立たぬように運んだ。小笠原長経はさきに問題になった阿波国の守護であることから、同行したのだろう。

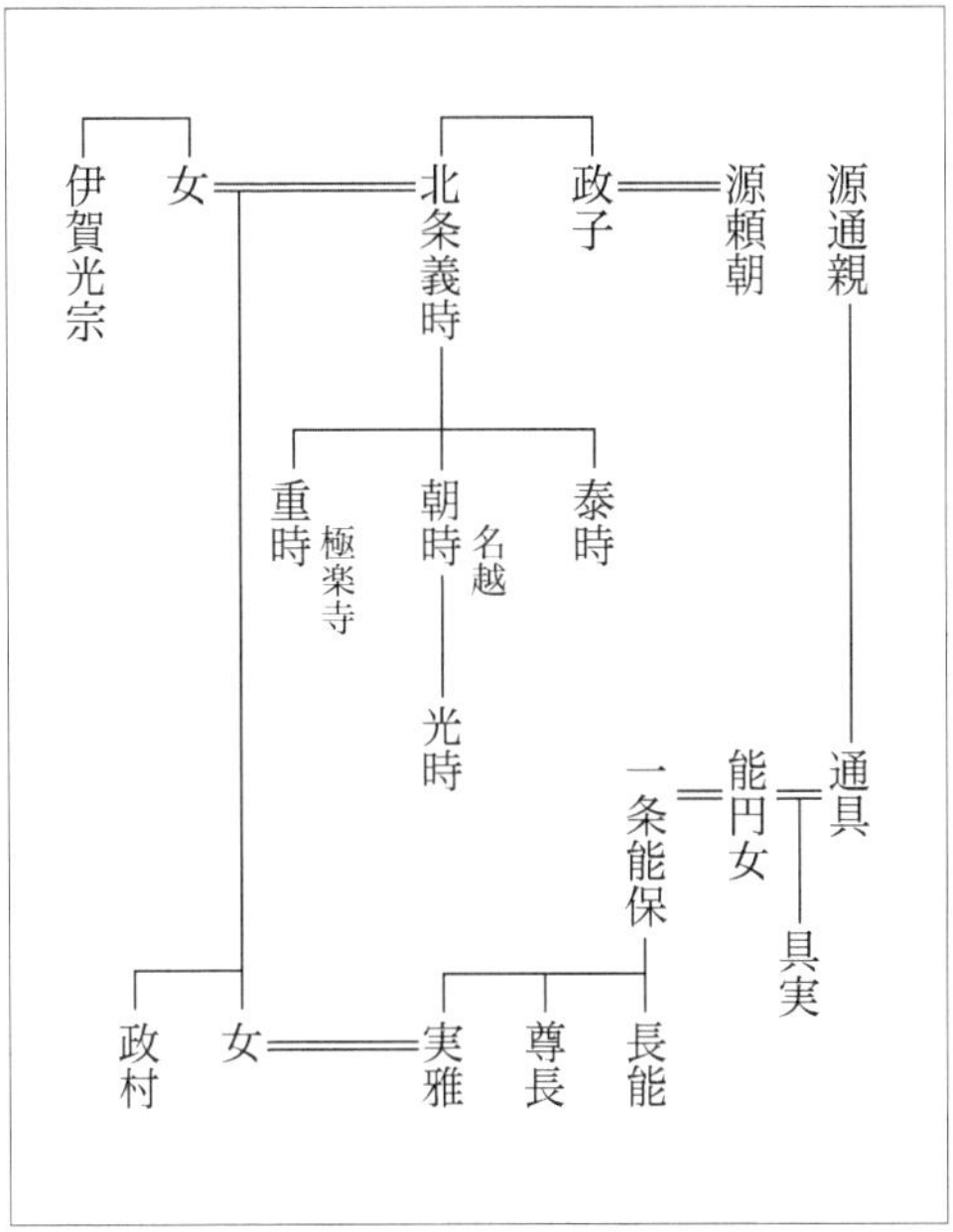

尊長関係系図

伯耆房は早朝から尊長の居宅にでかけ、かねて武士達と打ち合わせた通り、「近所に六波羅の武士がたくさん集まっているようだから、様子を見てこよう」と言って外に出た。入れ違いに菅周則の一隊が家内に乱入したのである。尊長は剣をとって防戦し、二人に傷を負わせた後に自害を図った。だが死に切れずに、車に乗せられて六波羅に連行された。

尊長の意識ははっきりしており、六波羅探題府内で見かけた要人らについて、「あの男は誰か」などと問いただした。そして次に「早く首を切れ、そうでなければ、義時の妻が夫に盛った毒薬を飲ませて、早く殺してくれ」と願った。聞いていた者たちは、たいそう驚いたという。

武士たちは再び尊長をかついで、菅周則の家に運び入れ、いろいろと尋問した。尊長は「今にも死のうとしている自分が、どうしてわざわざ嘘《うそ》などつくだろうか」と述べ、「都にほかに親しい者がいるのか」という質問に対しては、「都に知り合いなどいても役に立つものか」と応じた。次に氷を求めたが、氷はないと答えると、「六波羅殿と称してもったいぶっているくせに、氷も手に入らないとは見かけだおしもはなはだしい」と罵倒したので、探し求めて与えたという。

そして翌日の辰刻、臨終が迫ったということで、尊長は着衣を改め、手を濯《すす》ぎ、仏像を拝んで、高声に念仏を唱え、座したままで息をひきとった。最後に、遺体を河原に放置したりせず、円明寺に葬るようにと言い残した。遺体は死臭がせず、武士たちは「尊長は往生した」と褒め称えたのだった。

北条義時毒殺説

尊長を密告した和田朝盛は、六波羅に召し捕えられ、その賞罰はわからない。また、尊長の遺体は、本人の希望通り葬られたが、武士達がなおその処遇について議論し、結局首を切った。以上はすべて『明月記』の安貞元年六月十一日条に記されている内容である。定家のかかりつけの医師である心寂房が、当事者である菅周則の家に行って聞き込んできたのだという。

心寂房は商売柄か、六波羅方面に出入りしており、幕府関係の情報などを定家にもたらすことが多かった。菅家の武士たちは、心寂房にことこまかに経緯を話し、心寂房もまた、定家に講談のように語ったらしい。尊長の発言は「ただ早く頸を切れ。もししからざれば、また義時が妻が義時にくれけむ薬、われにこれ食わせて早く殺せ」などと、話し言葉のままで記録されている。あまりにも劇的な展開に、それを体験した人々はできる限りリアルに、効果的に詳細を語り伝えようとしたのではないか。

承久の乱での後鳥羽院の敗北の後、丸六年のあいだ尊長は最も有名な逃亡犯の一人であった。彼をめぐる捕り物は、たいへんな話題になったはずである。そして六波羅周辺には多くの野次馬《やじうま》が集まったことだろう。そのなかでも心寂房のように、情報に通じ、人脈を持つ者は喜んで迎え入れられ、臨場感あふれる語りを聞かされたのである。

また二箇月ほど後になって、尊長の「暦書日記」が話題になったことがあった。これは毎日の干支《えと》や吉凶などが記載された暦《こよみ》に設けられた空白行に、日記を書き込んでいく形式のものと考えられる。彼の死後、その所持品や立ち回り先などの捜査も行われたのだろう。尊長の日記は鎌倉に送られて分析されたが、彼の交友関係や協力者などがあきらかになる内容だったという（『明月記』八月十二日条）。

それから「義時が妻が義時にくれけむ薬、われにこれ食わせて早く殺せ」という、人々を慄然とさせた彼の言葉についても説明しておこう。源頼朝の妻北条政子の弟で執権の北条義時は、貞応三年（一二二四）六月に急死した（『吾妻鏡』六月十二・十三日条）。その直後に、義時の後室の伊賀氏が、兄の伊賀光宗と謀って、娘婿の一条実雅《さねまさ》を将軍に据え、息子の北条政村を執権にしようとする陰謀が露見した（『吾妻鏡』六月二十八日、七月五・十七・十八・三十日、閏七月一日条）。実雅は能保の息子で、尊長とは兄弟になる。義時に代わって執権の座に就いたのは泰時だったが、伊賀氏は自分の血統に幕府を担わせようと画策したのである。後室と光宗、実雅らは配流となり、これをもって泰時の覇権が確立した。

鎌倉幕府は、早い段階で頼朝の直系が絶えたため（意識的に絶やしたともいえるが）、将軍権力が不確定なままで、恒常的にさまざまな対立や葛藤《かっとう》を抱えていた。陰謀や裏切りが繰り返される、非常に陰惨な一面を持った政権だったといえる。

この伊賀氏の変などは、まだ救いがあるほうで、後に光宗は赦《ゆる》されて幕政に復するし、政村ははじめから罪に問われず、執権を支える存在となる。はじめから陰謀などは存在せず、伊賀氏に権力が移行し、自分の影響力が低下することを恐れた北条政子による捏造《ねつぞう》だったという可能性もある。どこに力点がある事件にせよ、義時の急死と、その後の後継者問題とが、さまざまな憶測を呼び、毒殺説があらわれたものだろう（毒殺の主体も、伊賀氏ではなく政子の側だったかもしれない）。

尊長と友人であった和田朝盛も、幕府の陰謀の犠牲者である。和田合戦は、同氏の政治力を危険視した北条義時の挑発によって誘発されたものだった。尊長と朝盛が、義時や鎌倉幕府の実情について話をするなかで、義時の毒殺の話題も出たのかもしれない。

怨霊の出現

この話には怨霊という後日談がつく。尊長は凄絶な死に方をしたが、そのあまりの迫力のためか「往生」であるとみなされたので、彼自身が怨霊としてあらわれることはない。極楽に行って成仏したはずだからである。怨霊となったのは、前に熊野の黒太郎のところで登場した長厳だった。彼は尊長の兄弟長能の師であり、後鳥羽院誕生の祈禱を行い、同院の熊野詣での先達をつとめ、承久の乱に加担した人物である。後鳥羽院の祈禱師として、その半生に伴走したとまとめることができるだろう。承久の乱後に陸奥国に流され、安貞二年（一二二八）七月十六日に配所で亡くなった。

後鳥羽院は、配流先の隠岐島で延応元年（一二三九）に崩じた。そしてこの後に、後鳥羽院と長厳とは怨霊として一緒に語られるようになるのである。延応二年に北条時房（義時の弟）が急死した際には、後鳥羽院の怨霊のせいだと噂されたほか、時房の郎等右近将監某に「不可説《ふかせち》の夢想」（不思議な夢）があったという話が伝わった。後鳥羽院と長厳とが「時房を召し取るべし」と企てているという内容だったという（『平戸記』正月二十八日条）。さらに仁治三年（一二四二）、北条泰時が亡くなった際にも後鳥羽院の御霊《みたま》が顕現したと囁《ささや》かれた。後鳥羽院の怨念が非常に深いこと、関東で不思議なことがおきていることが語られると同時に、長厳の怨霊が諸人を困らせているとも言われたのである（『平戸記』六月二十日・二十三日条）。

宝治元年（一二四七）、鶴岡八幡宮の東方山麓に、後鳥羽院の怨霊を鎮めるために一社が設けられた（『吾妻鏡』四月二十五日条）。将軍頼嗣《よりつぐ》室の檜皮姫《ひわだひめ》の病患および早世について種々の託宣があったため（『皇代暦』）とも、名越光時の乱等の事件がおこったため（『神明鏡《しんめいきょう》』）ともいわれる。後鳥羽院とともに、順徳院・長厳が合祀《ごうし》され、新若宮・今宮などと呼びならわされた。

建長四年（一二五二）には、もっと込み入った事件がおこる。長厳の霊が二階堂行綱（幕府の文筆官僚）の郎等の十三歳の娘に憑依《ひょうい》し、承久の乱のことを語りだしたというのである。霊は長能僧都に会いたいと要求した。母親が娘を輿《こし》に乗せ、大倉にある長能の坊に連れて行ったところ、長能は加持を修し、長厳の霊からいろいろと聞き出した。

それによれば、長厳の霊は後鳥羽院の使いとして鎌倉に下り、執権北条時頼の屋敷に住んでいた。ところが鶴岡八幡宮別当の隆弁《りゅうべん》がやってきて転経を行ったために、護法天があらわれ、自分たちは追い出されてしまった。こうなったら京都に帰って、後鳥羽院の御所に参上して事情を報告し、明年再び下るつもりだ——少女はそこまで述べて、気を失ってしまった。しばらくして意識を取り戻したが、茫然《ぼうぜん》としていたという（『吾妻鏡』正月十二日条）。

以上のように長厳は後鳥羽院とともに怨霊としてあらわれ、怖れられた。園城寺から東下して、鎌倉幕府の信頼と権勢を得た隆弁が登場したところで、怨霊は調伏《ちょうぶく》され、一連の事件は区切りを迎えたのだろう。だがその前に、長厳の意向を現世に伝える者として、長能の存在が必要とされたのである。長能は檜皮姫の病気平癒の祈禱や祓《はらえ》を行うにあたって、験者をつとめてもいる（『吾妻鏡』宝治元年四月二十八日条）。彼は尊長に与同して、政権転覆を狙う立場から転向し、師である長厳の怨霊から鎌倉幕府を護《まも》る役割をになっていたのである。

その後の法勝寺執行

尊長のあとの法勝寺執行については、史料上に何人かの人物の名前が見られるが、きわだった事績までを知ることはできない。そこで本章の最後として、鎌倉時代末に登場する一人の執行のみをあげておくことにしよう。浄仙《じょうせん》という人物である。

正和四年（一三一五）に日吉大社の神輿《しんよ》七基が、新造・奉献された（『公衡公記《きんひらこうき》』四月二十五日条）。日吉社は比叡山延暦寺の鎮守社であり、僧兵らが強訴を行う際に、神威をあらわすものとして振り立てられるのがこれらの神輿であった。神輿造替は、院の主催のもとで行われ、実務は院の事務局である院庁《いんのちょう》が担当した。現在でも神輿は精緻かつ豪華な工芸品だが、中世においてはあらゆる種類の職人を動員して製作される、いわば最高の技術と美意識の精華であった。したがって莫大《ばくだい》な経費と労力が投入された。

このときの総経費は六十五万疋《ひき》（百疋＝一貫＝十―二十万円として、六億五千万円―十三億円）、有力な門跡寺院や鎌倉幕府からの献金（御訪《おとぶらい》と呼ばれる）、土倉《どそう》（金融機関）への賦課、知行国の経営請負による一時金の献納などによって賄われた。そのなかにあらわれるのが、法勝寺執行浄仙で、一万疋（一千万―二千万円）を負担している。梶井・妙法院等の門跡寺院が、それぞれ五万疋となっているのは別格としても、「武家公事用途」（幕府からの献金）と同額を拠出しているのは、彼の財力と政治的な重要性を示しているといえるだろう。

承久の乱後、公家《くげ》政権の影響力の低下にしたがって、法勝寺の位置づけも変化したと思われるが、それでも執行の地位が一定の力を持っていたことがうかがわれる。

さらに彼に関しては、筧雅博氏が重要な指摘をしておられる（「道蘊・浄仙・城入道」）。日吉社神輿造替の記事からほどなく、『公衡公記』正和四年五月七日条に、次のようにみえる。

今朝浄仙法印来る。病を扶けてこれに謁す。了観（時顕《ときあき》の片眼、）明日・明後日のあいだ関東に下向すべし。もし示しつかわすべきことあらば承り存ずべし。

この日記の記主西園寺公衡は、朝廷と幕府との交渉を仲介する関東申次《もうしつぎ》の地位にある。彼は病気がちであったが（この年の九月に亡くなった）、浄仙の訪問を受け、無理をして面会した。当時の幕府の実質的な主導者であった安達時顕の片腕であるところの了観なる人物が、鎌倉に帰ることになったので、託すべき連絡があれば承りましょうというのが、浄仙の用件だった。すなわち浄仙は、公衡と幕府の実力者とのあいだに、独自の交渉経路を開く力を持っていたのである。だからこそ公衡も、彼に会わないわけにはいかなかった。必要とあらば、浄仙を利用して、公衡は時顕と秘密交渉を行うこともできたであろう。

浄仙と安達時顕との関係については、嘉暦《かりやく》四年（一三二九）七月二十六日付の書状の中に、「城入道も浄仙は扶持《ふち》の物にて候」、つまり浄仙は城入道（時顕）の配下の者であるという一節がみえ、また彼が後伏見院に対して「けうかい（教戒）」を加えることができるほどの影響力を持っていることが記されている（金沢貞顕《さだあき》書状、金沢文庫古文書）。浄仙は法勝寺執行として一定の力を持つほかに、鎌倉の実力者と結び、院に対しても発言権を持っていた。

さらに彼の保持する交渉経路は、関東申次—六波羅探題—鎌倉幕府という正規の連絡ルートを陳腐化させるものであった。とくに六波羅探題の役割を無視し、彼らを公武交渉のかやの外におく意味をもっただろう。六波羅探題が、執権の耳目として京都の情勢を監視するという設置当初の位置づけから、いつしか北条氏内部の権力闘争で邪魔になる人材を追い払う場として利用されるようになったという事情も関係しているだろう。「城入道も浄仙は扶持の物にて候」と書いた金沢貞顕は、政治の第一線から排除され、息子の貞将《さだゆき》を六波羅探題南方に送っている立場であった。彼は浄仙の動向について知られる限りの情報を息子と共有しなければならなかった。

法勝寺執行の地位は、かつては院権力に寄り添い、武家勢力の伸長に対抗する役割をになった。だが鎌倉末期にいたって、幕府の実力者との関係に立脚して公武をつなぎ、政治的発言権を持つ存在となったのである。

浄仙のあとの法勝寺執行としては、後醍醐天皇に仕えて関東調伏の祈禱を行った円観

（恵鎮）がいる。彼は討幕計画に参加して配流されたものの、後に復権し、公武両政権、南北両朝の帰依を受けた。波乱に満ち、多方面に展開する生涯を送った人物だが、彼については別の機会に譲り、章を閉じることにしよう。

おわりに

どこから読んでいただいてもかまわないと書いたものの、いつのまにか〝怪しさ〟の深刻度が徐々に増す配列になっていたようである。陽気な詐欺師集団から、宗教界の王道を外れた勧進聖《ひじり》、怪物的なエネルギーを持つ法勝寺《ほっしょうじ》の執行《しぎょう》たちまで、積極的に活動する〝怪しいものたち〟は、いずれも過剰な要素を持っている。二章に登場した九条兼実は、ごく常識的で、むしろつまらないくらいの男だが、彼のコミュニティで語られる夢は、庭に伊勢神宮と春日大社が鎮座したり、袖に太陽が飛び込んでくるなど、妙にスケールが大きい。政治的な不遇感と、摂関家の一員としてのプライドが、彼の意識下で肥大していくのを、周囲が十分察知しているためだろう。

最も気の毒なのは認知されない皇子女たちである。望んで得た出自でもないのに、彼らの多くが周囲に利用され、状況に流されて幸せとはいえない人生をおくった。不安定な立場に似つかわしくない高貴すぎる血統を担わされたのが原因といえる。一方で彼らは、人々の畏敬や憧憬を集め、時に結集の核ともなった。政治的な力関係だけでは動かなかった局面が、親王の出現によって起動したのである。前近代社会における血統の重要性はいうまでもないが、実は血統概念そのものが非常に不確定な要素を含んでおり、それにもかかわらず集団的な幻想の拠《よ》りどころとなっていると指摘することができるだろう。

『方丈記』の「ゆく川の流れは絶えずして、しかももとの水にあらず」、『平家物語』の「祇園精舎《ぎおんしょうじゃ》の鐘の声、諸行無常の響きあり」をはじめとして、中世の識者は現世の儚《はかな》さを述べ、俗事に執着することの愚かさを論じた。『徒然草《つれづれぐさ》』は「身を養いて何事をか待つ。期《ご》するところ、ただ老と死とにあり」（身を大事にして何を待つのか、結局は老いと死がやってくるだけではないか）と記す。たしかにそうではあろうが、老いたり死んだりするまでには、やはり生きなければならないのである。生きる以上は、楽しみも喜びも、金も力も必要だろう。なにより希望がないのが辛いから、誰もがそれぞれのやり方で希望を摑《つか》もうとした。多少怪しい手段に拠ったとしても、心がほがらかで穏やかであれば、それに越したことはない。ついでに極楽に貯金ができれば、なおけっこうである。

諸行無常を蹴散《けち》らして、過剰で怪しいものたちは中世を生き抜いた。彼らが怪しく見えるのは、切実な生を生きる人が、ともすれば滑稽《こっけい》に映るのと同じことにちがいない。

参考文献

第一章

新潮日本古典集成『古今著聞集』上・下（新潮社、一九八三、一九八六）
新潮日本古典集成『宇治拾遺物語』（新潮社、一九八五）
日本古典文学大系『古今著聞集』（岩波書店、一九六六）
大山町誌編さん委員会編『大山町誌』（大山町、一九八〇）
鳥取県『鳥取県史』第2巻　中世（鳥取県、一九七三）
藤原明衡著、川口久雄訳注『新猿楽記』（平凡社東洋文庫、一九八三）
網野善彦『職人歌合』（平凡社ライブラリー、二〇一二）
榎原雅治「山伏が棟別銭を集めた話」（同氏『日本中世地域社会の構造』所収、校倉書房、二〇〇〇）
岡村吉彦「鎌倉後期の伯耆国守護と小鴨氏―六波羅探題発給文書からの検討―」（『鳥取県地域史研究』1、一九九九）
黒嶋敏「山伏と将軍と戦国大名―末期室町幕府政治史の素描―」（『年報中世史研究』29、二〇〇四）
黒田日出男『境界の中世　象徴の中世』（東京大学出版会、一九八六）
黒田日出男『姿としぐさの中世史―絵図と絵巻の風景から―増補版』（平凡社ライブラリー、二〇〇二）
清水克行「『耳鼻削ぎ』の中世と近世」（同氏『室町社会の騒擾と秩序』所収、吉川弘文館、二〇〇四）
錦織勤「平安末期西伯耆の有力武士『紀成盛』について」（『鳥取県地域史研究』4、二〇〇二）
保立道久『義経の登場―王権論の視座から―』（ＮＨＫブックス、二〇〇四）

村山修一『山伏の歴史』（塙書房、一九七〇）

第二章
遠藤珠紀『中世朝廷の官司制度』（吉川弘文館、二〇一一）
小原仁「仏厳房聖心とその周辺」（速水侑編『奈良・平安仏教の展開』所収、吉川弘文館、二〇〇六）
五味文彦『「春日験記絵」と中世』（淡交社、一九九八）
酒井紀美『夢語り・夢解きの中世』（朝日選書、二〇〇一）
菅原昭英「夢を信じた世界―九条兼実とその周囲―」（『日本学』5、一九八四）
高橋秀樹『玉葉精読―元暦元年記―』（和泉書院、二〇一三）
芳賀幸四郎「九条兼実と夢」（『日本歴史』260、一九七〇）
藤原重雄「『玉葉』の「図絵春日御社」参詣をめぐって―夢告に注目して―」（『巡礼記研究』第六集、二〇〇九）

第三章
井上光貞『井上光貞著作集七　日本浄土教成立史の研究』（岩波書店、一九八五）
遠藤基郎「鎌倉中期の東大寺」『論集　鎌倉期の東大寺復興―重源上人とその周辺―』（法藏館、二〇〇七）
苅米一志「亀谷禅尼の軌跡―下野国那須上荘横岡郷の領主―」（『那須文化研究』一八、二〇〇四）
小林剛編『俊乗房重源史料集成』（奈良国立文化財研究所、一九六七）
五味文彦「永観と『中世』」（同氏『院政期社会の研究』所収、山川出版社、一九八四）

性海著、細川涼一訳注『関東往還記』（平凡社東洋文庫、二〇一一）
中尾尭編『旅の勧進聖 重源』（吉川弘文館、二〇〇四）
久野修義『重源と栄西』（山川出版社、二〇一一）
本郷恵子「鎌倉期の撫民思想について」（鎌倉遺文研究会編『鎌倉期社会と史料論』所収、東京堂出版、二〇〇二）

第四章

明月記研究会編「『明月記』（治承四年）を読む」（『明月記研究』四、一九九九）
明月記研究会編「『明月記』（寛喜二年七月）を読む」（『明月記研究』六、二〇〇一）
岩佐美代子「『たまきはる』考―特異性とその意義―」（同氏『岩佐美代子セレクション1 枕草子・源氏物語・日記研究』所収、笠間書院、二〇一五）
遠城悦子「春華門院昇子内親王の八条院領伝領についての一考察」（『法政史学』四八、一九九六）
五味文彦『平清盛』（吉川弘文館、一九九九）
櫻井陽子「以仁王遺児の行方―道尊、道性、そして姫宮―」（水原一編『延慶本平家物語考証』四所収、新典社、一九九七）
角田文衞『待賢門院璋子の生涯―淑庭秘抄―』（朝日選書、一九八五）
伴瀬明美「中世前期―天皇家の光と陰」（服藤早苗編著『歴史のなかの皇女たち』所収、小学館、二〇〇二）
本郷恵子「院政論」（『岩波講座日本歴史』第6巻所収、岩波書店、二〇一三）
美川圭「崇徳院生誕問題の歴史的背景」（『古代文化』56、二〇〇四）

第五章

今谷明『中世奇人列伝』（草思社、二〇〇一）
上島享「法勝寺創建の歴史的意義—浄土信仰を中心に」（同氏『日本中世社会の形成と王権』所収、名古屋大学出版会、二〇一〇）
遠藤基郎「天皇家御願寺の執行・三綱」（同氏『中世王権と王朝儀礼』所収、東京大学出版会、二〇〇八）
筧雅博「道蘊・浄仙・城入道」（『三浦古文化』38、一九八五）
木村真美子「少納言入道信西の一族—僧籍の子息たち—」（『史論』45、一九九二）
五味文彦「信西政権の構造」（同氏『平家物語　史と説話』所収、平凡社ライブラリー、二〇一一）
角田文衞「崇徳院兵衛佐」（同氏『王朝の明暗』所収、東京堂出版、一九七七）
徳永誓子「刑部僧正長厳の怨霊」（東アジア恠異学会編『怪異学の技法』所収、臨川書店、二〇〇三）
平岡定海『日本寺院史の研究』（吉川弘文館、一九八一）
平岡定海『日本寺院史の研究 中世・近世編』（吉川弘文館、一九八八）
本郷恵子『蕩尽する中世』（新潮選書、二〇一二）
山岸常人『中世寺院の僧団・法会・文書』（東京大学出版会、二〇〇四）

あとがき

「怪しいものたちの中世」どころか、お前が一番怪しいじゃないかとお叱《しか》りを受けそうだが、ようやくあとがきまでたどりついた。

ずっと以前に、中世の雑掌について書いたことがあった（「中世の雑掌とその妻」『ＵＰ』三二五、一九九九年一月）。雑掌とは、文字通り「雑務をつかさどる者」を意味する。つかみどころのない職名だが、荘園経営や造営の差配等を担当する重要な役割だった。雑掌の「雑」は、どうでもいいから「雑」なのではなく、むしろ業務の必然性・緊急性が先行して、いちいち命名・言語化する手間をかけていられないために「雑」の語でひとくくりにしたのだと論じたのである。したがって「雑」と称されるのは、最も先端的で実質的な仕事ということになる。

大学で「雑務」といえば、研究以外の組織運営や管理的な業務を指す。中世的な意味合いからすれば、これらの「雑務」こそが、学問の最前線を担う欠くべからざる仕事なのだろう。まわりくどくなったが、要するに、このところ勤務先で雑掌のような役割を仰せつかっているので、あとがきまで持ち込むのが、たいへん苦しかったということである。いいわけするぐらいなら、書かなければいいだろうとか、本を書くのではなく、恥をかいているだけじゃないかとか、そもそも研究といえるようなものではないだろうとか、いろいろなご意見はあるだろう。ただ、どんなに拙《つたな》い内容であっても、とりあえず活字にして世に問うに至るあいだには、思いがけない発見があり、ただ黙々とやっているよりも格段に勉強になると思っている。手前勝手にはちがいないが、民間の会社にでも勤めていれば（そのような才覚が自分にはないと考えたからこそ、大学に残って現在にいたったのだが）第二の人生に入っている年齢に達し、あと何年研究ができるかわからない。体裁をかまってはいられないので、どうかご容赦をいただきたい。

最近、職場近くのマクドナルドが閉店し、「三十一年間のご愛顧ありがとう」と、ドナルドが手を振るポスターが貼ってあった。怖ろしいことに、私はその店が開店した時のことを覚えている。すなわち三十年以上の長きにわたって同じ場所に通い、中世史研究を続けてきたのだが、続ければ続けるほど、人文系学問への風当たりは強くなるようである。粛々と仕事をしていても、お金が儲《もう》かるとか、特許が取れるとかの直接の効用があるわけではないので、「君のやっているガクモンは何の役に立つのか」と問われると、どうしていいかわからない。「私は現世にではなく、来世に成果を積み立てているのです」と答えてみたらどうだろう？　もちろん世間のみなさまには「こども銀行とまちがえているのか」とか、「慈善事業じゃないんだぜ」と、罵倒《ばとう》されるであろう。でも、ガクモンの神様は、私の貯金を認めてくださるだろうか？　認めてもらえたとしても、極楽浄土が分野別に分かれていたらどうしよう？　普通の浄土には蓮池があるが、中世史の浄土にはタンポポが咲いているだけかもしれない。ペンペン草よりはましだろうが、せめてチューリップにしてほしい—と考えている暇に勉強すれば良いに決まっているが、そううまくいかないのが人生である（以上はもちろん自己弁護にすぎないが、文章の最後に「そううまくいかないのが人生である」とつけると、たいそうもっともらしいということを発見した。もしかして本書執筆過程における最大の発見かもしれない）。

もともと本書は、中世社会における宗教の効用について論じようと思って書き始めたものである。比叡《ひえい》山や五山禅院が金融センターの役割を果たしていたことはもとより、娯楽や芸能、学問や情報伝達等、生活を円滑にし、心の隙間を埋めてくれるあらゆる営為は、宗教と繋《つな》がっていた。その繋がり方が必ずしも単純ではないということを言おうとしているうちに、怪しげな人や事件が並ぶことになった。

結局、宗教の周縁付近をぐるぐるまわって終わったのだが、実は、宗教の中核にいる寺院の教学僧などにも、かなり喰《く》えない人物がいる。神仏を畏《おそ》れるのではなく、神仏と馴《な》れあっているような者たちである。彼らが遺した稿本の紙背文書を検討し、その生活や思考をあきらかにしてみたいと、ずっと思っているが、能力が足りず手をつけられずにいる。

また、紙背文書といえば、日蓮と千葉氏被官の富木《とき》常忍《じょうにん》との関係がある。中山法華経寺所蔵の日蓮自筆稿本の紙背は、富木氏の業務関連資料だが、日蓮の主張の何が御家人被官を惹《ひ》きつけたのか、日蓮の信仰と在地の支配者層との接点はどこなのかが気になっている。

旧仏教と鎌倉新仏教の核の部分に踏み込めればということだが、まだ糸口が見えてきていない。

見通しが正しく、問題の立て方が適切ならば、必要な裏づけや解決の方策はいつか必ずみつかると思っている。当面の本や論文の締め切りに間に合うとは限らないが（たいてい無理だ）、とにかくほそぼそとでも続けていれば、十年後か二十年後かに、何かしらわかるものである。ただ私としては、そろそろ時間切れが気になってきたので、あまりのんびりしてもいられない。もしかしたらタンポポの咲く極楽で、「ああ、そうか」なんて手を打つことになるのかもしれない。

本書をなすにあたっては、ＫＡＤＯＫＡＷＡの竹内祐子さんに本当にお世話になった。彼女がいなければ、私は未だに書きかけの原稿をかかえて、うろうろしていただろう。心から感謝する次第である。そしてもちろん、読んでくださった方々に、深く御礼を申し上げて、錯乱気味のあとがきを閉じることにする。

本郷恵子

本書は日本学術振興会学術研究助成金（基盤研究（Ｃ）課題番号 15K02826）による研究成果の一部である。

本郷恵子（ほんごう・けいこ）
1960年、東京生まれ。東京大学大学院人文科学研究科博士課程単位取得退学。日本中世史専攻。現在、東京大学史料編纂所所長・教授。著書に『中世公家政権の研究』（東京大学出版会）、『京・鎌倉　ふたつの王権』（小学館）、『将軍権力の発見』（講談社選書メチエ）、『蕩尽する中世』（新潮選書）、『買い物の日本史』（角川ソフィア文庫）などがある。

角川選書566

怪《あや》しいものたちの中世《ちゅうせい》

平成27年12月25日　初版発行
令和6年12月30日　4版発行

著　者／本郷恵子《ほんごうけいこ》

発行者／山下直久

発　行／株式会社KADOKAWA
〒102-8177　東京都千代田区富士見2-13-3
電話 0570-002-301（ナビダイヤル）

印刷所／株式会社KADOKAWA

製本所／株式会社KADOKAWA

装　丁／片岡忠彦　　帯デザイン／Zapp!

●お問い合わせ
https://www.kadokawa.co.jp/（「お問い合わせ」へお進みください）
※内容によっては、お答えできない場合があります。
※サポートは日本国内のみとさせていただきます。
※Japanese text only

定価はカバーに表示してあります。

ISBN 978-4-04-703566-9 C0321

この書物を愛する人たちに

詩人科学者寺田寅彦は、銀座通りに林立する高層建築をたとえて「銀座アルプス」と呼んだ。
戦後日本の経済力は、どの都市にも「銀座アルプス」を造成した。
アルプスのなかに書店を求めて、立ち寄ると、高山植物が美しく花ひらくように、
書物が飾られている。

印刷技術の発達もあって、書物は美しく化粧され、通りすがりの人々の眼をひきつけている。
しかし、流行を追っての刊行物は、どれも類型的で、個性がない。
歴史という時間の厚みのなかで、流動する時代のすがたや、不易な生命をみつめてきた先輩たちの発言がある。
また静かに明日を語ろうとする現代人の科白がある。これらも、
銀座アルプスのお花畑のなかでは、雑草のようにまぎれ、人知れず開花するしかないのだろうか。
マス・セールの呼び声で、多量に売り出される書物群のなかにあって、
選ばれた時代の英知の書は、ささやかな「座」を占めることは不可能なのだろうか。
マス・セールの時勢に逆行する少数な刊行物であっても、この書物は耳を傾ける人々には、
飽くことなく語りつづけてくれるだろう。私はそういう書物をつぎつぎと発刊したい。
真に書物を愛する読者や、書店の人々の手で、こうした書物はどのように成育し、開花することだろうか。
私のひそかな祈りである。「一粒の麦もし死なずば」という言葉のように、
こうした書物を、銀座アルプスのお花畑のなかで、一雑草であらしめたくない。

一九六八年九月一日

角川源義